컴퓨팅 사고력을 위한

알고리즘 & 순서도
연습

컴퓨팅 사고력을 위한
알고리즘&순서도
연습

2019년 6월 30일 초판 1쇄 인쇄
2019년 7월 10일 초판 1쇄 발행

펴낸곳 : (주)교학사
펴낸이 : 양진오
지은이 : 정인기

주 소 : 서울시 금천구 가산디지털1로 42(공장), 서울시 마포구 마포대로14길 4(사무소)
전 화 : 02-707-5312(편집), 02-707-5147(영업)
팩 스 : 02-839-2728(영업)
등 록 : 1962년 6월 26일 〈18-7〉
홈페이지 : www.kyohak.co.kr

이 도서의 국립중앙도서관 출판예정도서목록(CIP)은 서지정보유통지원시스템 홈페이지(http://seoji.nl.go.kr)와 국가자료종합목록 구축시스템(http://kolis-net.nl.go.kr)에서 이용하실 수 있습니다. (CIP제어번호 : CIP2019020949)

머리말

컴퓨터 과학을 처음 배우는 사람들에게 알고리즘을 공부하는 것은 기초를 닦는 것과 마찬가지라고 할 수 있습니다. 알고리즘을 배울 때는 알고리즘의 특성과 조건, 순차, 선택 및 반복 등의 구조를 배우면서 문제 해결 방법을 예제를 통하여 자신의 지식으로 습득합니다. 그런데, 필자가 알고리즘을 가르치면서 가장 아쉬웠던 점은 선형 구조, 트리, 그래프 등과 같은 데이터 구조와 탐색 및 정렬과 같은 알고리즘 예제를 그대로 외우다시피하면서 자신의 지식으로 구체화하는 방법은 오로지 학생의 몫이었다는 것입니다. 수학처럼 단계적으로 난이도를 올려가면서 이전의 단계에서 배웠던 내용을 활용할 수 있는 접근 방법이 있으면 좋겠다는 생각을 수도 없이 해왔습니다.

이 책은 이러한 필자의 생각을 구현하는 첫 번째 시도입니다. 배우는 학생들이 느끼게 될 난이도를 생각하며 책을 구성했고, 앞에서 배운 내용을 활용할 수 있도록 단계적으로 구성하였습니다. 즉, 뒤쪽에서 난이도가 높은 알고리즘을 공부할 때에 앞에서 배운 내용을 활용할 수 있도록 함으로써 보다 효과적으로 공부할 수 있도록 하였습니다.

알고리즘을 처음 공부할 때에는 재미있다가도 뒤쪽으로 가면서 '포기'라는 단어를 수없이 생각한 지난날의 필자와 같은 사람이 또 다시 생기게 하지 말자는 생각으로 학문 체계보다는 학습자의 학습 측면에 중심을 두려고 한 필자의 노력이 SW 교육에 관심을 가지는 독자들에게 조금이나마 도움이 되었으면 합니다.

끝으로 저를 믿고 뒤에서 힘이 되어 준 아내와 아들, 딸, 부모님, 장인어른, 장모님께 고마움을 전합니다. 또한, 이 책이 세상에 나오게 물심양면으로 도와주신 교학사 분들께 심심한 감사의 말씀을 드립니다.

저자 정인기

- 현 춘천교육대학교 컴퓨터교육과 교수
- 현 한국정보교육학회 이사
- 현 한국컴퓨터교육학회 이사
- 현 이러닝학회 이사

목차

부록

Chapter 1
알고리즘의 개요

알고리즘의 개요

알고리즘(Algorithm)이라는 말은 9세기 페르시아의 수학자 아부 압둘라 무함마드 이븐 무사 알 콰리즈미(780? ~ 850?)에서 유래되었습니다. 그는 페르시아 최초로 수학책을 만든 수학자로, 인도에서 도입된 아라비아 숫자를 사용하여 최초로 사칙연산을 만든 것으로 유명합니다. 대수학의 아버지로 불리며, 대수학을 뜻하는 'Algebra'는 그의 저서 「al-jabr wa al-muqabala」로부터 기원한다고 알려져 있습니다[1].

알고리즘을 간단히 주어진 문제를 해결하는 방법을 순서대로 나열한 것이라 설명할 수 있습니다. 하지만 학문적으로 사용할 때 알고리즘은 다음과 같은 조건을 만족해야 합니다[2].

- 입력: 외부에서 제공되는 데이터가 0개 이상 있어야 합니다. 보통은 입력이 있는 경우가 일반적이지만 없을 수도 있습니다.
- 출력: 결과가 적어도 1개 이상 있어야 합니다. 즉, 입력과는 달리 반드시 출력이 있어야 합니다.
- 명확성: 각 처리 단계의 명령이 명확하게 제시되어야 합니다. 애매모호하거나 중의적으로 표현되어서는 안됩니다.
- 유한성: 알고리즘의 명령대로 수행하면 한정된 단계를 수행한 후에 반드시 종료해야 합니다. 즉, 무한 반복 등이 포함되는 경우는 진정한 의미의 알고리즘이라고 볼 수 없습니다.
- 효과성: 모든 명령은 명백하며 실행 가능해야 합니다.

1) https://ko.wikipedia.org/wiki/콰리즈미
2) Donald E. Knuth, 류광 역 (2008). The Art of Computer Programming. 한빛미디어.

어떤 문제가 주어졌을 때 이 문제를 해결하려면 필요한 요소들이 무엇인지 먼저 알아야 합니다. 문제 해결을 위한 요소들을 선정하는데 많이 사용되는 것 중 하나로 마인드맵이 있습니다. 예를 들어, 라면을 끓이는데 필요한 요소들을 정리할 때 [그림 1-1]과 같이 마인드맵을 나타내면 문제 해결을 위한 요소들이 무엇인지 한눈에 알 수 있습니다.

그런데 문제 해결시 어떠한 순서대로 동작을 해야 하는지, 주어진 조건에 따라 어떤 동작을 해야 하는지, 얼마만큼 명령을 반복해야 하는지는 등의 내용은 마인드맵을 통해서는 알 수 없습니다. 이와 같이 순서나 조건, 반복 횟수 등이 문제 해결에 꼭 필요한 요소들을 포함해 표현해야 할 때에는 알고리즘이 유용합니다. 알고리즘을 표현하는 방법 중의 하나인 순서도로 라면을 끓이는 방법을 표현하면 [그림 1-2]와 같이 나타낼 수 있습니다.

순서도를 마인드맵과 비교해 보면 문제 해결의 순서를 표현하는 것이 쉽다는 것을 알 수 있습니다.

이제 컴퓨터 과학에서 다루는 문제들을 알고리즘으로 해결해 봅시다!

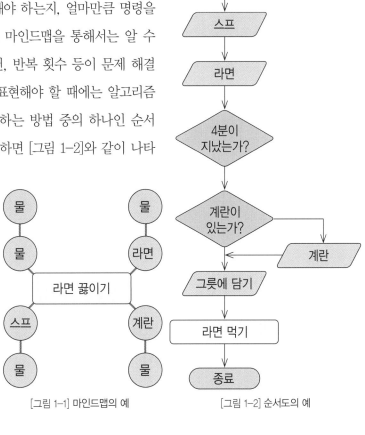

[그림 1-1] 마인드맵의 예 　　　　　 [그림 1-2] 순서도의 예

알고리즘의 표현

알고리즘을 표현하는 방법은 다양합니다.

먼저, 사람들이 사용하는 말로 표현하는 방법이 있습니다. 컴퓨터 과학에서는 프로그래밍 언어와 구별하여 사람들이 사용하는 말을 '자연어'라고 하는데 이러한 자연어를 알고리즘을 표현하는 방법 중의 하나로 사용할 수 있습니다. 자연어는 별도로 배우지 않아도 되고 다른 사람들도 쉽게 알아볼 수 있다는 장점을 가지고 있습니다. 그러나 모호하거나 중의적인 표현이 있을 수 있기 때문에 정확한 표현이 어려울 수 있습니다.

다른 방법은 '프로그래밍 언어'를 사용하는 방법입니다. 이 방법은 모호하거나 중의적인 표현이 없으며 컴퓨터에서 바로 실행할 수 있다는 장점이 있습니다. 그러나 프로그래밍 언어를 사용하기 위해서는 먼저 프로그래밍 언어를 배워야 하고, 자연어로 작성하는 것보다 상대적으로 시간이 오래 걸릴 수 있습니다.

위 두 방법의 장점을 가진 '의사 코드(pseudo code)'로 작성하는 방법도 있습니다. 자연어와 유사하게 작성하면서도 모호하거나 중의적인 표현이 없이 정확하게 표현할 수 있는데 프로그래밍 언어의 일부 명령을 빌려쓰는 방법입니다. 실제 프로그램을 작성하기 전에 알고리즘을 표현하려고 할 때 많이 사용하는 방법입니다. 그러나 이 방법도 프래그래밍에 대한 기초 지식이 없는 초보자들에게 어려운 면이 있습니다.

글로 표현하는 방법 외에 그림으로 표현하는 방법도 있는데 대표적인 방법으로 순서도(flowchart)가 있습니다. 그림으로 표현하면 프로그램의 흐름을 직관적으로 이해할 수 있기 때문에 초보자들도 쉽게 이해할 수 있어 알고리즘 교육이나 프로그램 개발 초기의 표현 방법으로 널리 사용되고 있습니다. 그러나 복잡한 알고리즘을 표현하기에는 다소 부족한 면이 있고 직접 실행되는 프로그램이 많지 않아 알고리즘을 검증하는데 어려움이 있을 수 있습니다.

순서도

앞에서 말한 바와 같이 알고리즘에서 많이 사용하는 표현 방법 중의 하나가 '순서도'입니다. 순서도는 표준화된 몇 개의 기호로 명령들을 표현하며 화살표로 알고리즘의 흐름을 표현합니다. 순서도에서 많이 사용하는 기호는 다음과 같습니다.

기호	의미	기호	의미
	처리		펀치카드 (입력)
	입출력		문서 (출력)
	판단		자기 디스크
	준비		자기 테이프
	시작 및 종료		연결자
	정의된 처리		모니터 표시

일반적인 순서도 작성 규칙은 다음과 같습니다[3].

- 기호의 내부에 처리할 내용을 적습니다.
- 흐름도의 방향은 위에서 아래로, 왼쪽에서 오른쪽으로 하는 것을 원칙으로 하되 반대인 경우에는 반드시 화살표를 사용합니다.
- 흐름선은 교차시켜도 아무런 논리적 관계를 갖지 않습니다.
- 두 개 이상의 흐름선이 모여 하나가 될 수 있습니다.
- 기호의 모양은 가로, 세로 비율은 정확하게 정해지지는 않았으나 구분할 수 있도록 해야 합니다.

3) 조광문 외 공저 (2003). 새내기 C 프로그래머를 위한 순서도 작성. 정익사.

순서도 프로그램

앞에서도 설명하였듯이 순서도는 알고리즘을 그림으로 표현하기 때문에 초보자들도 쉽게 사용하고 이해할 수 있는 장점을 가지고 있습니다. 또한 순서도의 기호는 표준화되어 있어서 많은 사람들끼리 소통하는데 어려움 없이 사용할 수 있습니다. 그런데 순서도를 손으로 작성할 때 정리하거나 수정하기가 쉽지 않습니다. 이러한 어려움을 해결하기 위하여 순서도를 그릴 수 있는 프로그램이 개발되었고 요즘에는 워드프로세서나 프레젠테이션 프로그램에서도 순서도를 그릴 수 있는 기능들을 제공하고 있습니다.

그러나 순서도 자체를 직접 실행할 수는 없기 때문에 알고리즘의 정확성을 검증하는데 어려움이 있습니다. 이러한 문제를 해결하기 위해 순서도 실행 프로그램이 개발되었는데 지금까지 많이 사용하고 있는 프로그램 중의 하나가 바로 RAPTOR라고 하는 프로그램입니다. 미국 공군에서 개발하여 사용되고 있으며 몇 가지의 프로그래밍 언어로 변환이 가능합니다. 그런데 RAPTOR는 초보자들이 다루기에 사용법이 복잡하고 한글 입출력이 되지 않고 메뉴 또한 한국어로 번역되어 있지 않아 우리나라 학생들이 사용하기에 다소 어렵게 느껴질 수 있습니다.

RAPTOR 외에도 최근에 개발된 순서도 실행 프로그램 중의 하나로 'Flowgorithm'가 있습니다. RAPTOR보다 상대적으로 간단한 사용법을 가지고 있으며 한글 입출력이 가능하고 메뉴도 한국어를 비롯한 여러 나라 언어로 번역되어 있습니다. 또한 Flowgorithm은 다양한 프로그래밍 언어로 변환이 가능하여 프로그래밍 언어를 배우는 데도 도움을 줄 수 있습니다. 따라서 이 책에서는 Flowgorithm을 사용한 순서도로 알고리즘을 표현할 것입니다. Flowgorithm은 홈페이지(http://flowgorithm.org)에서 무료로 다운로드 받아 사용할 수 있으며 간략한 소개는 부록에 설명되어 있습니다.

Flowgorithm으로 순서도를 작성한 예는 [그림 1-3]과 같습니다.

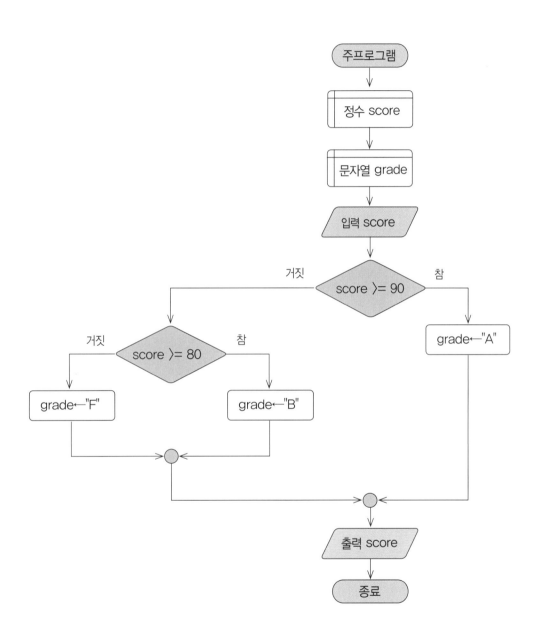

[그림 1-3] Flowgorithm으로 그린 순서도의 예

데이터와 변수

데이터는 의미 있는 값을 말하며, 데이터 타입은 데이터를 표현하는 유형을 말합니다. 사용하는 데이터 타입은 프로그래밍 언어마다 차이가 있지만 일반적으로 정수형, 실수형, 문자열형 및 논리형 등이 있습니다. 각 데이터 타입에 대한 데이터의 예는 [표 1-1]과 같습니다.

	정수형	실수형	문자열형	논리형
데이터 예	1034	25.47	"춘천"	True 혹은 False 참 혹은 거짓

[표 1-1] 데이터의 예

변수는 데이터를 저장하는 그릇에 비유할 수 있습니다. 고유 이름을 가지며 1개의 데이터만을 저장할 수 있습니다. 변수에 저장되어 있는 데이터가 있어도 다른 데이터를 저장하면 기존 데이터는 없어지고 최신의 데이터가 저장됩니다. 변수를 사용하기 전에 데이터 타입을 선언하는 것이 일반적이지만 선언하지 않고 사용하는 프로그래밍 언어도 있습니다. 변수에 데이터를 저장할 경우에는 같은 데이터 타입의 데이터를 저장하는 것이 원칙이지만 정수와 실수의 경우에는 자동으로 변환되는 경우가 대부분입니다. 프로그래밍 언어마다 고유의 변수명 명명 규칙이 있으며 프로그램을 작성하는 경우에는 이를 준수해야 합니다.

변수를 사용한 예는 다음과 같습니다.

- x ← 15   - y ← "서울"   - z ← 54.6

변수에 저장되어 있는 데이터를 꺼내어 쓸 수도 있는데 수식에 변수를 활용하여 저장되어 있는 데이터를 꺼내어 쓸 수 있습니다. 다음의 예를 통해 이해해 봅시다. 여기서 기호 '←'는 기호 오른쪽에 있는 수식을 계산하여 왼쪽에 있는 변수에 저장하라는 의미입니다.

※ 프로그래밍 언어에서는 '=' 기호를 사용하는 것이 일반적입니다.

- 변수에 데이터를 저장하는 경우(변수 x에 45가 저장됩니다.)

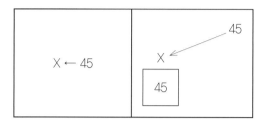

- 변수에 저장되어 있는 데이터를 꺼내어 쓰는 경우(변수 b에 106이 저장됩니다.)

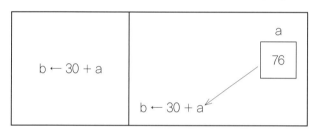

순서도 예

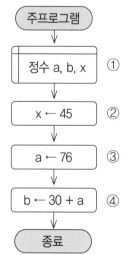

① 이 알고리즘에서 필요한 변수는 다음과 같습니다.
- 변수 a, b, x는 정수를 저장하기 위한 변수들입니다.

② 변수에 데이터를 저장합니다.
- 변수 x에 45를 저장합니다.

③ 변수에 데이터를 저장합니다.
- 변수 a에 76을 저장합니다.

④ 변수에 식을 연산한 결과를 저장합니다.
- 변수 a에 저장되어 있는 값인 76과 30을 더하여 변수 b에 저장합니다.

Chapter 2
순서대로 실행하기

Chapter 2

순서대로 실행하기

산술 연산

산술 연산은 덧셈, 뺄셈, 곱셈, 나눗셈과 같은 사칙 연산을 하는 것을 말합니다. 산술 연산은 정수 및 실수에 대하여 수행되며 연산의 우선순위는 우리가 배운 수학에서 적용되는 우선순위와 비슷합니다.

일반적으로 프로그래밍 언어에 적용되는 산술 연산자의 우선순위는 [표 2-1]과 같습니다.

우선 순위	연산자
1	−(음수)
2	*(곱셈), /(나눗셈)
3	+(덧셈), −(뺄셈)

[표 2-1] 산술 연산자

산술 연산을 수행하는 알고리즘은 다음과 같습니다. 예를 들어 10 + 5 * 4을 연산해 변수 x에 저장해 봅니다. 이때, 변수 x에는 30이 저장됩니다.

순서도 예

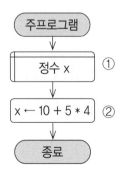

① 이 알고리즘에서 필요한 변수는 다음과 같습니다.
 – 변수 x는 정수를 저장하기 위한 변수입니다.
② 변수에 식을 연산한 결과를 저장합니다.
 – 5 * 4를 먼저 연산한 후 10을 더한 결과를 변수 x에 저장합니다.

입 · 출력

프로그램 특성 중의 하나는 데이터를 입력 받아 처리하여 출력하는 것입니다. 즉, 프로그램을 실행하여 외부로부터 데이터를 입력 받을 수 있고 이를 처리한 결과를 출력할 수 있습니다. 입력과 출력을 하는 명령은 프로그래밍 언어마다 다르며 원하는 형태로 입 · 출력을 하기 위해서는 명령의 세부 사항을 잘 살펴보아야 합니다.

[그림 2-1] 컴퓨터 시스템과 입 · 출력

입출력을 수행하는 알고리즘의 예는 다음과 같습니다.

순서도 예

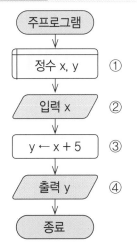

① 이 알고리즘에서 필요한 변수는 다음과 같습니다.
  – 변수 x, y는 정수를 저장하기 위한 변수들입니다.

② 데이터를 입력 받습니다.
  – 정수를 입력 받아 변수 x에 저장합니다.

③ 변수에 식을 연산한 결과를 저장합니다.
  – 변수 x에 저장되어 있는 값과 5를 더하여 변수 y에 저장합니다.

④ 결과를 출력합니다.
  – 변수 y에 저장되어 있는 값을 외부에 표시합니다.

순차 구조

구조화 프로그래밍은 3개의 구조를 기반으로 하여 프로그램을 작성하는 것을 말합니다. 구조화된 프로그램은 설계의 효율성을 높여주며 프로그램을 읽기 좋게 해 줍니다. '프로그램이 읽기 좋다' 는 말은 사람들이 이해하기 쉽다는 말이 되며 이는 오류를 발견하거나 개선하는데 효과적이라는 말과 같습니다. 따라서 읽기 좋은 프로그램을 작성하는 것은 소프트웨어 개발에 있어서 아주 중요한 요소 중의 하나입니다.

순차 구조는 프로그램이 표현된 순서대로 실행되는 것으로, 구조화 프로그램의 가장 기본적인 구조입니다. 별도의 형태를 가지지 않은 경우가 많으며 아무런 언급이 없는 경우에 알고리즘 혹은 프로그램은 표현된 순서대로 실행됩니다.

순차 구조를 사용하여 알고리즘을 작성한 순서도의 예는 다음과 같습니다.

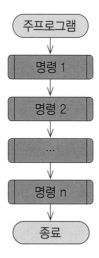

순서도 예 독립된 명령인 경우

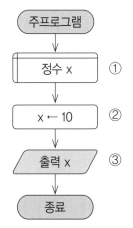

① 이 알고리즘에서 필요한 변수는 다음과 같습니다.
  – 변수 x는 정수를 저장하기 위한 변수입니다.

② 변수에 데이터를 저장합니다.
  – 변수 x에 10을 저장합니다.

③ 결과를 출력합니다.
  – 변수 x에 저장된 값인 10을 출력합니다.

순서도 예 누적 연산인 경우 – 변수에 연산한 결과를 다시 저장하는 경우

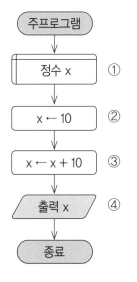

① 이 알고리즘에서 필요한 변수는 다음과 같습니다.
  – 변수 x는 정수가 저장되는 변수입니다.

② 변수에 데이터를 저장합니다.
  – 변수 x에 10을 저장합니다.

③ 변수에 식을 연산한 결과를 저장합니다.
  – 변수 x에 저장된 값인 10에 10을 더하여 20을 변수 x에 저장합니다.

④ 결과를 출력합니다.
  – 변수 x에 저장된 값인 20을 출력합니다.

Chapter 2

순서대로 실행하기

순서도 예 명령을 수행한 결과가 다음 명령에 영향을 끼치는 경우

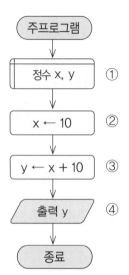

① 이 알고리즘에서 필요한 변수는 다음과 같습니다.
  – 변수 x, y는 정수가 저장되는 변수들입니다.

② 변수에 데이터를 저장합니다.
  – 변수 x에 10을 저장합니다.

③ 변수에 식을 연산한 결과를 저장합니다.
  – 변수 x에 저장된 값인 10에 10을 더하여 20을 변수 y에 저장합니다.

④ 결과를 출력합니다.
  – 변수 y에 저장된 값인 20을 출력합니다.

문제 해결을 위한 알고리즘 연습

📑문제 입력 받은 금액을 500원짜리 동전과 100원짜리 동전을 최소한으로 사용하여 지불하고자 할 때 각각 사용된 동전의 개수를 구하여 결과를 출력해 봅시다.

🕐 문제 해결 방법

입력 받은 금액을 500으로 나누면 몫은 500원짜리 동전의 개수가 되고 나머지를 100으로 나누었을 때의 몫이 100원짜리 동전의 개수가 됩니다.

[입력] 금액 (100원 단위)

[출력] 500원 짜리 동전 개수, 100원 짜리 동전 개수

표에 정리된 예를 살펴봅시다.

입력 금액	500원 동전 개수	100원 동전 개수
1,600	3	1
21,300	42	3
700	1	2

다음과 같은 순서로 문제를 해결할 수 있습니다.

1. 금액을 입력 받습니다.

2. 금액을 500으로 나누어 동전의 개수를 구합니다.

3. 금액을 100으로 나누어 동전의 개수를 구합니다.

4. 500원과 100원 짜리 동전의 개수를 출력합니다.

🔓 문제 해결의 예

|예 1| 금액이 1,600원일 경우

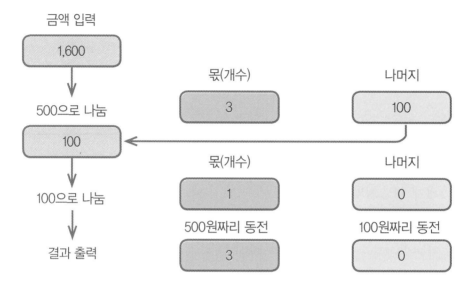

|예 2| 금액이 21,300원일 경우

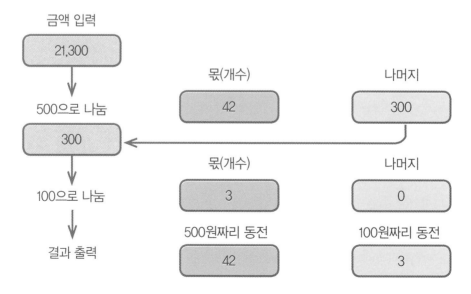

🔒 순서도와 알고리즘 해설

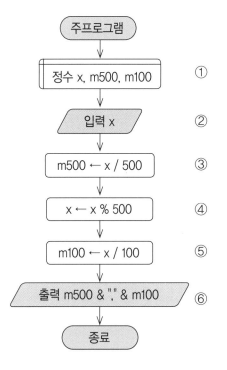

① 이 알고리즘에서 필요한 변수는 다음과 같습니다.
- 변수 x는 금액(정수)을 저장하기 위한 변수입니다.
- 변수 m500, m100은 각각 500원 짜리와 100원 짜리 동전의 개수를 저장하기 위한 변수입니다.

② 변수에 데이터를 저장합니다.
- 금액(정수)을 입력 받아 변수 x에 저장합니다.

③ 변수에 식을 연산한 결과를 저장합니다.
- 변수 x에 저장된 값을 500으로 나눈 몫을 변수 m500에 저장합니다.

④ 변수에 식을 연산한 결과를 저장합니다.
- 변수 x에 저장된 값을 500으로 나눈 나머지를 변수 x에 저장합니다.

⑤ 변수에 식을 연산한 결과를 저장합니다.
- 변수 x에 저장된 값을 100으로 나눈 몫을 m100에 저장합니다.

⑥ 결과를 출력합니다.
- 변수 m500과 m100에 저장된 값을 출력합니다.

Chapter 2

순서대로 실행하기

문제 2개의 변수에 저장되어 있는 숫자를 서로 바꾸어 봅시다.

문제 해결 방법

위와 같이 n1에 저장된 값은 n2로, n2에 저장된 값은 n1으로 숫자를 서로 바꾸려고 할 때, 문제 해결의 [예 1]과 같이 주어진 2개의 변수(n1, n2)만으로는 각 변수에 저장된 값을 서로 바꿀 수 없습니다. 따라서 이 문제를 해결하기 위해서는 2개의 변수 외에 임시로 값을 저장할 변수 즉, 임시 변수를 만들어 문제 해결의 [예 2]와 같이 활용해야 합니다.

[입력] 숫자 2개

[출력] 저장 위치가 바뀐 n1, n2

다음과 같은 순서로 문제를 해결할 수 있습니다.

1. 변수 n1과 n2의 값을 입력 받습니다.

2. 임시 변수 t에 변수 n1의 값을 저장합니다.

3. 변수 n1에 변수 n2의 값을 저장합니다.

4. 변수 n2에 임시 변수 t의 값을 저장합니다.

5. 변수 n1과 n2의 값을 출력합니다.

문제 해결을 위한 알고리즘 연습

문제 해결의 예

|예 1| 변수 2개만 사용한 경우

(1) 경우 1: 먼저 n1의 값을 n2에 저장하고, n2의 값을 n1에 저장하는 경우

(2) 경우 2: 먼저 n2의 값을 n1에 저장하고, n1의 값을 n2에 저장하는 경우

|예 2| 임시 변수 t를 사용할 경우

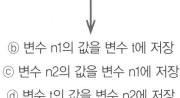

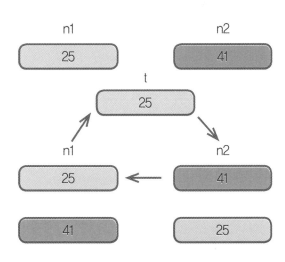

순서도와 알고리즘 해설

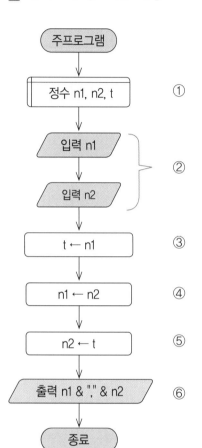

① 이 알고리즘에서 필요한 변수는 다음과 같습니다.
  – 변수 n1, n2는 각각 정수를 저장하기 위한 변수들입니다.
  – 변수 t 는 두 수를 바꿀 때 사용하기 위한 임시 변수입니다.
② 변수에 데이터를 저장합니다.
  – 정수를 입력 받아 각각 변수 n1과 n2에 저장합니다 .
③ 변수 t에 변수 n1의 값을 저장합니다.
  – 변수 n1의 값을 변수 n2에 저장하기 위하여 임시로 변수 t에 저장
    합니다. (※ [예 2]의 ⓑ 참고)
④ 변수 n1에 변수 n2의 값을 저장합니다.
  – 변수 n2의 값을 변수 n1에 저장합니다. (※ [예 2]의 ⓒ 참고)
⑤ 변수 n2에 변수 t의 값을 저장합니다.
  – 변수 t의 값을 변수 n2에 저장합니다. (※ [예 2]의 ⓓ 참고)
⑥ 결과를 출력합니다.
  – 변수 n1과 n2에 저장된 값을 출력합니다.

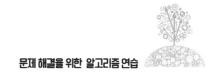

[문제] 2개의 숫자를 산술 연산한 후, 연산 결과가 다음 연산의 피연산자가 되는 명령들을 수행해 봅시다.

🕐 문제 해결 방법

2개의 숫자를 산술 연산하여 2 결과를 피연산자로 옮겨서 연속된 연산을 수행하기 위해서는 피연산자의 값을 연속적으로 이동시켜야 합니다. 즉, 두 번째 피연산자의 값은 첫 번째 피연산자로, 결과는 두 번째 피연산자로 이동시켜야 연속적으로 연산을 수행할 수 있습니다.

다음의 예를 통해 내용을 이해해 봅시다.

	피연산자 (n1)	피연산자 (n2)	결과 (n3 = n1 × n2)
연산 수행	2	3	6
값의 이동	3	6	

[입력] 숫자 2개

[출력] 피연산자를 순환하여 산술 연산한 결과인 n1, n2

다음과 같은 순서로 문제를 해결할 수 있습니다.

1. 변수 n1과 n2의 값을 입력 받습니다.
2. 변수 n3에 변수 n1과 n2를 연산한 결과를 n3에 저장합니다.
3. 변수 n1에 변수 n2의 값을 저장합니다.
4. 변수 n2에 변수 n3의 값을 저장합니다.

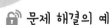

🔓 문제 해결의 예

|예 1| 덧셈 연산(+)을 할 경우

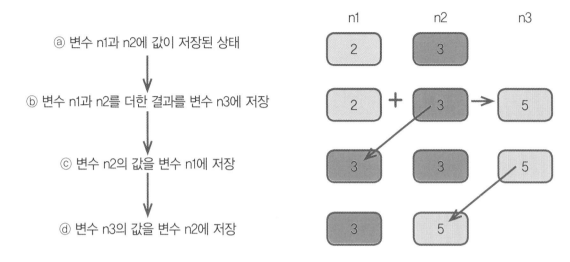

              n1   n2   n3

ⓐ 변수 n1과 n2에 값이 저장된 상태

ⓑ 변수 n1과 n2를 더한 결과를 변수 n3에 저장

ⓒ 변수 n2의 값을 변수 n1에 저장

ⓓ 변수 n3의 값을 변수 n2에 저장

|예 2| 나머지 연산(%)을 할 경우

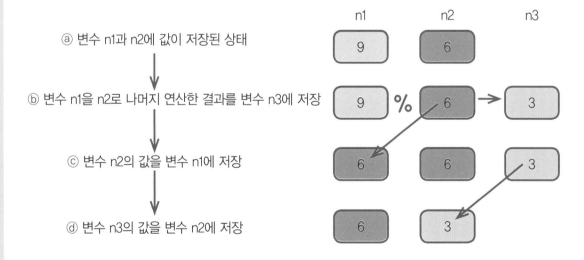

              n1   n2   n3

ⓐ 변수 n1과 n2에 값이 저장된 상태

ⓑ 변수 n1을 n2로 나머지 연산한 결과를 변수 n3에 저장

ⓒ 변수 n2의 값을 변수 n1에 저장

ⓓ 변수 n3의 값을 변수 n2에 저장

🔓 순서도와 알고리즘 해설

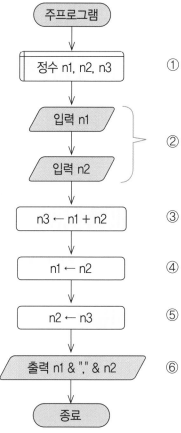

① 이 알고리즘에서 필요한 변수는 다음과 같습니다.

- 변수 n1, n2, n3은 각각 정수를 저장하기 위한 변수들입니다.

② 변수에 데이터를 저장합니다.

- 정수를 입력 받아 각각 변수 n1과 n2에 저장합니다 .

③ 변수 n3에 변수 n1과 n2를 연산한 결과를 저장합니다.

- 덧셈을 예로 하였으므로 변수 n1과 n2의 값을 더하여 n3에 저장합니다. (※ [예 1]의 ⓑ 참고)

④ 변수 n1에 변수 n2의 값을 저장합니다.

(※ [예 1]의 ⓒ 참고)

⑤ 변수 n2에 변수 n3의 값을 저장합니다.

(※ [예 1]의 ⓓ 참고)

⑥ 결과를 출력합니다.

- 변수 n1과 n2에 저장된 값을 출력합니다.

Chapter 3
조건에 따라 실행하기

단순 조건

알고리즘이 일반성을 가지기 위해서는 상황에 따라 다르게 동작할 수 있어야 합니다. 알고리즘에서 상황에 따른 판단은 조건으로 구현할 수 있습니다. 조건은 일반적으로 데이터들을 비교하여 참 혹은 거짓으로 판단할 수 있는데 이는 관계 연산자를 사용하여 구현할 수 있습니다.

관계 연산자에는 일반적으로 =, 〈, 〉, 〈〉, 〈=, 〉= 등의 연산자 등이 있으며 각 연산자의 의미와 결과는 [표 3-1]과 같습니다.

연산자	의미	예	
		관계식	결과
= (혹은 ==)	2개의 숫자가 같다.	3 = 3	참
		3 = 7	거짓
〈	왼쪽의 숫자가 오른쪽의 숫자보다 작다.	3 〈 7	참
		7 〈 3	거짓
〉	왼쪽의 숫자가 오른쪽의 숫자보다 크다.	3 〉 7	거짓
		3 〉 7	참
〈 〉 (혹은 !=)	2개의 숫자가 다르다.	3 〈〉 3	거짓
		3 〈〉 7	참
〈=	왼쪽의 숫자가 오른쪽의 숫자보다 작거나 같다.	3 〈= 3	참
		3 〈= 7	참
〉=	왼쪽의 숫자가 오른쪽의 숫자보다 크거나 같다.	3 〉= 3	참
		3 〉= 7	거짓

[표 3-1] 관계 연산자

순서도 예

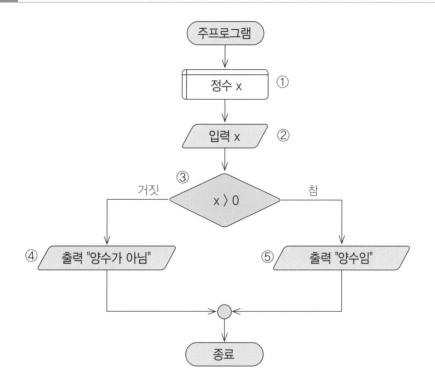

① 이 알고리즘에서 필요한 변수는 다음과 같습니다.

   – 변수 x는 정수를 저장하기 위한 변수입니다.

② 데이터를 입력 받아 변수에 저장합니다.

   – 정수를 입력 받아 변수 x에 저장합니다.

③ 변수 x의 값과 0을 비교합니다.

   – 변수 x의 값이 0보다 크면 참, 그렇지 않으면 거짓이 됩니다.

④ 결과를 출력합니다.

   – '거짓'이라면 "양수가 아님" 메시지를 출력합니다.

⑤ 결과를 출력합니다.

   – '참'이라면 "양수임" 메시지를 출력합니다.

복합 조건

복합 조건이란 "x가 5보다 작거나 y가 10보다 큰가?"와 같이 여러 조건을 판단하는 것을 말합니다. 이러한 복합 조건은 논리 연산자를 사용하여 만들 수 있습니다. 프로그래밍 언어에서 자주 사용되는 논리 연산자는 다음과 같습니다.

논리곱 (And, 그리고)

논리곱은 피연산자가 모두 참인 경우 결과가 참이 됩니다. [표 3-2]의 예를 살펴봅시다.

A	B	A And B
참	참	참
참	거짓	거짓
거짓	참	거짓
거짓	거짓	거짓

[표 3-2] 논리곱

논리합 (Or, 혹은)

논리합은 피연산자가 모두 거짓인 경우 결과가 거짓이 됩니다. [표 3-3]의 예를 살펴봅시다.

A	B	A Or B
참	참	참
참	거짓	참
거짓	참	참
거짓	거짓	거짓

[표 3-3] 논리합

논리부정 (Not, 아니다)

논리부정은 피연산자 값의 반대가 됩니다. 즉, 참이면 거짓, 거짓이면 참이 됩니다. [표 3-4]의 예를 살펴봅시다.

A	Not A
참	거짓
거짓	참

[표 3-4] 논리부정

순서도 예

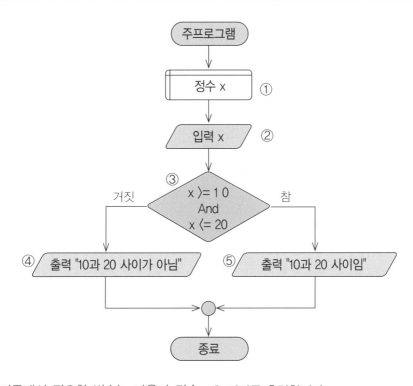

① 이 알고리즘에서 필요한 변수는 다음과 같습
니다.
   – 변수 x는 정수를 저장하기 위한 변수입니다.

② 데이터를 입력 받아 변수에 저장합니다.
   – 정수를 입력 받아 변수 x에 저장합니다.

③ 복합 조건을 위한 논리곱 연산을 합니다.
   – 변수 x의 값이 10보다 크거나 같고 20보다 작거나
   같으면 참, 그렇지 않으면 거짓이 됩니다.

④ 결과를 출력합니다.
   – '거짓'이라면 "10과 20 사이가 아님" 메시지를 출력
   합니다.

⑤ 결과를 출력합니다.
   – '참'이라면 "10과 20 사이임" 메시지를 출력합니다.

선택 구조

구조화 프로그램의 3개 구조 중의 하나는 선택 구조입니다. 선택 구조는 조건을 검사하여 조건의 결과가 참이냐 거짓이냐에 따라 서로 다른 명령을 수행하는 구조를 말합니다. 그 조건은 단순 조건이나 복합 조건이 올 수 있습니다. 이러한 선택 구조를 활용하여 알고리즘이 상황에 따라 다른 명령을 실행할 수 있습니다. 선택 구조는 조건이 참인 경우에만 명령을 실행할 수도 있고, 참 혹은 거짓에 따라 서로 다른 명령을 실행할 수도 있습니다.

선택 구조를 사용하여 알고리즘을 작성한 순서도의 예는 다음과 같습니다.

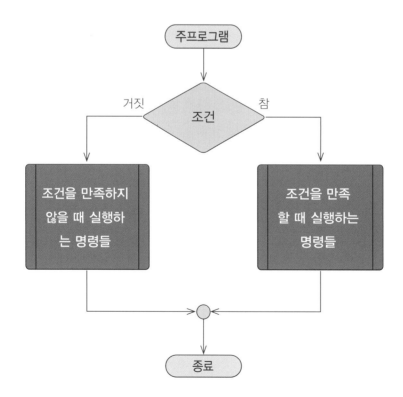

순서도 예   참인 경우에만 실행하는 선택 구조

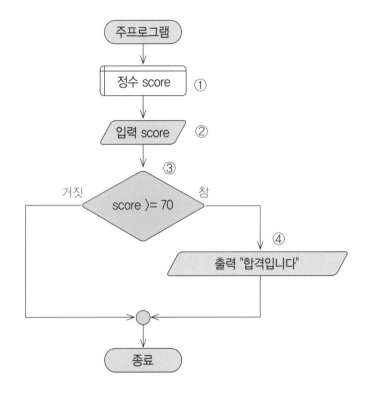

① 이 알고리즘에서 필요한 변수는 다음과 같습니다.

   – 변수 score는 점수를 저장하기 위한 변수입니다.

② 데이터를 입력 받아 변수에 저장합니다.

   – 정수를 입력 받아 변수 score에 저장합니다.

③ 변수 score의 값과 70을 비교합니다.

   – 변수 score의 값이 70 이상이면 참, 그렇지 않으면 거짓이 됩니다.

④ 결과를 출력합니다.

   – '참'이라면 "합격입니다" 메시지를 출력합니다('거짓'이라면 아무 것도 출력되지 않습니다.).

Chapter 3

초건에 따라 실행하기

순서도 예 참, 거짓에 따라 다른 명령을 실행하는 선택 구조

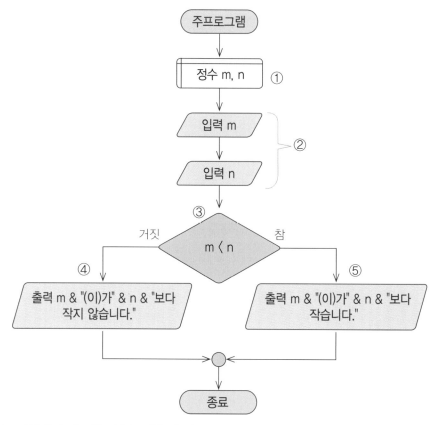

① 이 알고리즘에서 필요한 변수는 다음과 같습니다.

　−변수 m, n은 정수를 저장하기 위한 변수들입니다.

② 데이터를 입력 받아 변수에 저장합니다.

　− 데이터를 읽어서 변수 m과 n에 저장합니다.

③ 변수 m과 변수 n의 크기를 비교합니다.

　− 변수 m의 값이 변수 n의 값보다 작으면 참, 그렇지 않으면 거짓이 됩니다.

④ 결과를 출력합니다.

　− '거짓'이라면 "변수 m의 값이 변수 n의 값보다 작지 않습니다." 메시지를 출력합니다.

⑤ 결과를 출력합니다.

　− '참'이라면 "변수 m의 값이 변수 n의 값보다 작습니다." 메시지를 출력합니다.

순서도 예 | 여러 단계로 이루어진 선택 구조

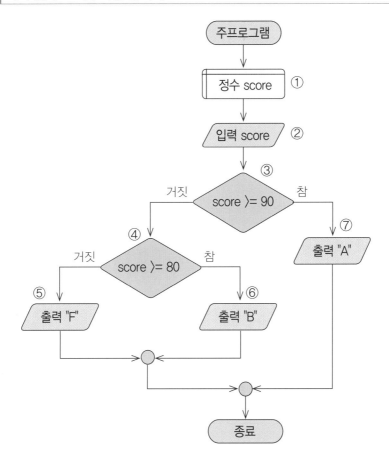

① 이 알고리즘에서 필요한 변수는 다음과 같습니다.

  – 변수 score는 점수를 저장하기 위한 변수입니다.

② 데이터를 입력 받아 변수에 저장합니다.

  – 정수를 입력 받아 변수 score에 저장합니다.

③ 변수 score의 값과 90을 비교합니다.

  – 변수 score의 값이 90 이상이면 참, 그렇지 않으면 거짓이 됩니다.

④ 변수 score의 값과 80을 비교합니다.

  – 변수 score의 값이 80 이상이면 참, 그렇지 않으면 거짓이 됩니다.

⑤ ⑥ 결과를 출력합니다.

  – '참'이라면 "B"를, '거짓'이라면 "F"를 출력합니다.

⑦ 결과를 출력합니다.

  – 변수 score의 값이 90 이상이라면 "A"를 출력합니다.

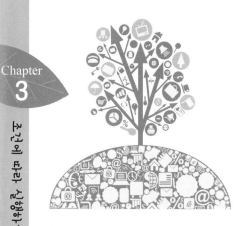

문제 해결을 위한 알고리즘 연습

문제 첫 번째 입력된 숫자가 두 번째 입력된 숫자로 나누어떨어지는가를 판별하여 출력해 봅시다.

문제 해결 방법

2개의 숫자를 차례로 입력 받아 첫 번째 숫자를 두 번째 숫자로 나누어, 나머지가 0이면 나누어떨어지는 것이고 0이 아니라면 나누어떨어지지 않는 것입니다.

[입력] 숫자 2개

[출력] 나누어 떨어진다 / 나누어떨어지지 않는다

표에 정리된 예를 살펴봅시다.

첫 번째 숫자	두 번째 숫자	나누어 떨어지는지 여부
15	7	아니오
903	43	예
673	34	아니오

다음과 같은 순서로 문제를 해결할 수 있습니다.

1. 2개의 숫자를 차례로 입력 받습니다.

2. 첫 번째 숫자를 두 번째 숫자로 나눈 후, 나머지를 0과 비교합니다.

   2.1 만약 나머지가 0이라면

      2.1.1 "나누어떨어진다"라고 출력합니다.

   2.2 그렇지 않으면

      2.2.1 "나누어떨어지지 않는다"라고 출력합니다.

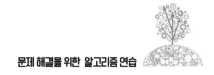
📡 문제 해결의 예

|예 1| 903, 43을 차례로 입력한 경우

ⓐ 변수 x과 y에 값이 저장된 상태

ⓑ 변수 x의 값을 변수 y의 값으로 나누기

ⓒ 결과 출력

첫 번째 숫자(x)
903

두 번째 숫자(y)
43

나머지(x % y)
0

나누어 떨어진다

|예 2| 673, 34를 차례로 입력한 경우

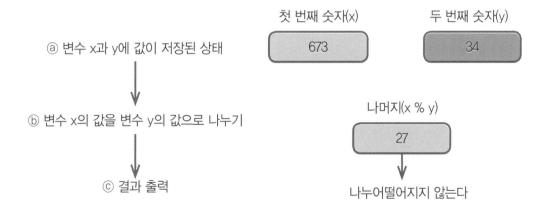

ⓐ 변수 x과 y에 값이 저장된 상태

ⓑ 변수 x의 값을 변수 y의 값으로 나누기

ⓒ 결과 출력

첫 번째 숫자(x)
673

두 번째 숫자(y)
34

나머지(x % y)
27

나누어떨어지지 않는다

🔓 순서도와 알고리즘 해설

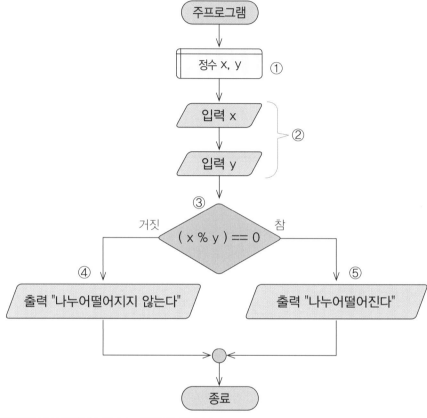

① 이 알고리즘에서 필요한 변수는 다음과 같습니다.

　– 변수 x, y는 각각 첫 번째 숫자와 두 번째 숫자를 저장하기 위한 변수입니다.

② 데이터를 입력 받아 변수에 저장합니다.

　– 첫 번째 숫자를 입력 받아 변수 x에 저장하고, 두 번째 숫자를 입력 받아 변수 y에 저장합니다.

③ 변수 x를 변수 y로 나눈 나머지가 0인지를 검사합니다.

　– 나머지가 0이면 참, 그렇지 않으면 거짓이 됩니다.

④ 결과를 출력합니다.

　– '거짓'이라면 "나누어떨어지지 않는다" 메시지를 출력합니다.

⑤ 결과를 출력합니다.

　– '참'이라면 "나누어떨어진다" 메시지를 출력합니다.

문제 입력 받은 2개의 숫자 중에서 더 작은 숫자를 찾아 출력해 봅시다.

문제 해결 방법

입력 받은 2개의 숫자를 비교하여 첫 번째로 입력 받은 숫자가 두 번째로 입력 받은 숫자보다 작으면 첫 번째 숫자를 작은 숫자로 저장하고, 그렇지 않으면 두 번째 숫자를 작은 숫자로 저장합니다. 그 다음, 저장된 작은 숫자를 출력합니다.

[입력] 숫자 2개

[출력] 2개의 숫자 중에서 더 작은 수

표에 정리된 예를 살펴봅시다.

첫 번째 숫자	두 번째 숫자	작은 숫자
4	5	4
5	4	4
4	4	4

다음과 같은 순서로 문제를 해결할 수 있습니다.

1. 2개의 숫자를 입력 받습니다.
2. 2개의 숫자를 비교합니다.
　2.1 만약 첫 번째 숫자가 두 번째 숫자보다 작다면
　　2.1.1 첫 번째 숫자를 작은 숫자로 저장합니다.
　2.2 그렇지 않다면
　　2.2.1 두 번째 숫자를 작은 숫자로 저장합니다.
3. 작은 숫자를 출력합니다.

조건에 따라 실행하기

🔓 문제 해결의 예

|예 1| 변수 m에 4, 변수 n에 5가 저장된 경우

ⓐ 변수 m과 n에 값이 저장된 상태

m	n
4	5

ⓑ 변수 m과 변수 n의 값 크기 비교

4 〈 5

ⓒ 결과 출력

small
4

|예 2| 변수 m에 5, 변수 n에 4가 저장된 경우

ⓐ 변수 m과 n에 값이 저장된 상태

m	n
5	4

ⓑ 변수 m과 변수 n의 값 크기 비교

5 〉4

ⓒ 결과 출력

small
4

|예 3| 변수 m에 4, 변수 n에 4가 저장된 경우

ⓐ 변수 m과 n에 값이 저장된 상태

m	n
4	4

ⓑ 변수 m과 변수 n의 값 크기 비교

4 = 4

ⓒ 결과 출력

small
4

🔐 순서도와 알고리즘 해설

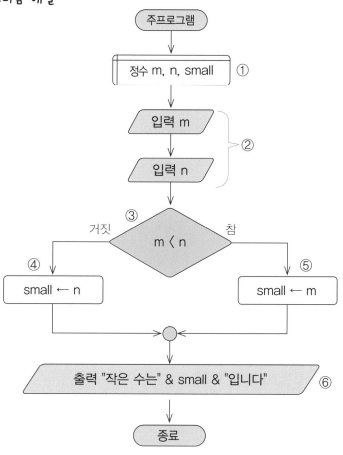

① 이 알고리즘에서 필요한 변수는 다음과 같습니다.

- 변수 m, n은 입력 받은 정수를 저장하기 위한 변수입니다.

- 변수 small은 작은 숫자를 저장하기 위한 변수입니다.

② 데이터를 입력 받아 변수에 저장합니다.

- 정수를 입력 받아 변수 m과 n에 저장합니다.

③ 변수 m과 변수 n을 비교합니다.

- 변수 m의 값이 변수 n의 값보다 작다면 참, 그렇지 않으면 거짓이 됩니다.

④ '거짓'이라면 변수 small에 변수 n의 값을 저장합니다.

⑤ '참'이라면 변수 small에 변수 m의 값을 저장합니다.

⑥ 결과를 출력합니다.

- "작은 수는 4입니다"(예를 들어, m이 5, n이 4인 경우)라는 메시지를 출력합니다.

조건에 따라 실행하기

문제 2개의 숫자를 비교하여 작은 숫자가 앞에, 큰 숫자가 뒤에 오도록 출력해 봅시다.

문제 해결 방법

2개의 숫자를 비교하여 만약 첫 번째로 입력 받은 숫자가 두 번째로 입력 받은 숫자보다 크지 않다면 순서대로 되어 있는 것이므로 그대로 출력하고, 첫 번째 숫자가 두 번째 숫자보다 크다면 순서대로 되어 있지 않으므로 두 숫자가 저장되어 있는 위치를 서로 바꾼 후, 출력합니다.

※ 관련 알고리즘 : 2개의 숫자를 서로 바꾸기 (26쪽 참고)

[입력] 숫자 2개

[결과] 크기가 작은 순으로 나열된 2개의 숫자들

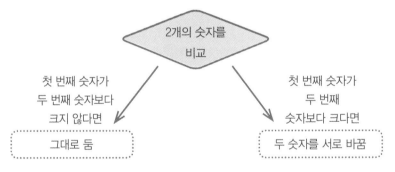

다음과 같은 순서로 문제를 해결할 수 있습니다.

1. 2개의 숫자를 입력 받습니다.
2. 첫 번째로 입력 받은 숫자와 두 번째로 입력 받은 숫자를 비교합니다.
   2.1 만약 첫 번째 숫자가 두 번째 숫자보다 크다면
      2.1.1 첫 번째 숫자와 두 번째 숫자를 바꿉니다.
3. 첫 번째 숫자와 두 번째 숫자를 출력합니다.

문제 해결을 위한 알고리즘 연습

🔓 문제 해결의 예

|예 1| 변수 n1에 25, 변수 n2에 41이 저장되어 있는 경우

|예 2| 변수 n1에 89, 변수 n2에 34가 저장되어 있는 경우

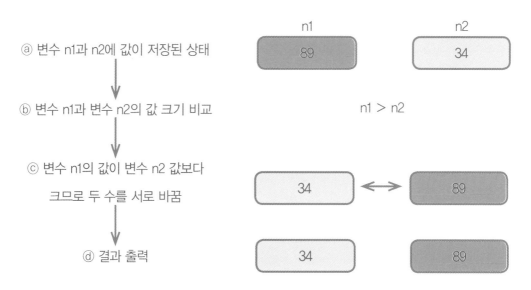

2개의 숫자를 순서대로 나열하기

순서도와 알고리즘 해설

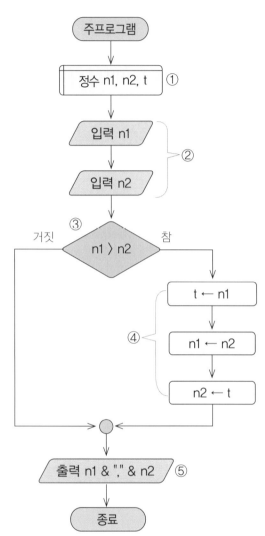

① 이 알고리즘에서 필요한 변수는 다음과 같습니다.

– 변수 n1, n2은 각각 정수를 저장하기 위한 변수들입니다.

– 변수 t는 두 숫자를 바꾸기 위해 사용하는 임시 변수입니다.

② 변수에 데이터를 저장합니다.

– 정수를 입력 받아 각각 변수 n1과 n2에 저장합니다.

③ 변수 n1과 n2의 값을 비교합니다.

– 변수 n1의 값이 변수 n의 값보다 크면 참, 그렇지 않으면 거짓이 됩니다.

④ '참'이라면 변수 n1의 값을 변수 n2의 값과 서로 바꿉니다.

(※ 26쪽 참고)

⑤ 결과를 출력합니다.

– 변수 n1과 n2에 저장된 값을 출력합니다. 만약 입력된 두 수가 89, 34이라면 "34, 89"로 출력합니다.

순서도(Flowchart)의 역사

순서도는 1921년에 프랭크 길브레스(Frank Gilbreth)와 릴리언 길브레스(Lillian Gilbreth)가 미국 기계공학자협회 (American Society of Mechanical Engineers)의 회원들에게 발표한 "〈프로세스 차트 : 작업을 수행하기 위한 최선의 방법을 찾기 위한 첫 번째 단계〉"를 처음 소개한 것으로부터 유래되었으며, 이 발표 후 길브레스의 도구는 산업 공학의 교육 과정 중 하나로 빠르게 전파되었습니다.

1930년대 초, 산업공학자인 앨런 모겐슨(Allan H. Mogensen)은 뉴욕의 플레시드에서 열린 "〈작업 단순화 컨퍼런스〉"를 통하여 산업 공학의 몇 가지 도구를 사용하는 것에 대해서 훈련시켰는데 이 훈련 내용을 기반으로, 1944년에 졸업생인 스피냉거(Art Spinanger)는 '의도적인 프로그램 수정 방법 (Deliberate Methods Change Program)'을 개발하였으며, 또 다른 졸업생인 그래엄(Ben S. Graham)은 '다중 흐름 프로세스 차트'를 개발하여 흐름 프로세스 차트를 정보 처리에 적용함으로써 다중 문서와 그들의 관계를 제시하였습니다.

1947년 미국 기계공학자협회는 길브레스의 원작으로부터 파생된 기호 집합을 'ASME 표준 : 운영 및 흐름 프로세스 차트'로 채택하였으며, 1949년에 티글라스 하트리(Douglas Hartree)는 헤르만 골드스타인(Herman Goldstine)과 존 폰 노이만(John von Neumann)이 컴퓨터 프로그램을 설계하기 위한 순서도를 개발하였다고 발표하였습니다.

1970년대에는 상호작용할 수 있는 컴퓨터 터미널과 제3세대 프로그래밍 언어의 등장으로 한때 인기가 하락하기도 하였지만, 순서도는 알고리즘을 표현하는 특히, 알고리즘 및 프로그래밍을 교육하는 대중적인 도구로 사용되고 있으며, 최근에는 순서도를 그릴 수 있는 도구뿐만 아니라 RAPTOR나 Flowgorithm과 같이 순서도를 직접 실행할 수 있는 프로그램까지 등장하여 널리 사용되고 있습니다.

– American Society of Mechanical Engineers (1947) ASME standard; operation and flow process charts. New York, 1947.
– Frank Bunker Gilbreth, Lillian Moller Gilbreth (1921) Process Charts. American Society of Mechanical Engineers.
– Graham, Jr., Ben S. (10 June 1996). "People come first". Keynote Address at Workflow Canada.
– Hartree, Douglas (1949). Calculating Instruments and Machines. The University of Illinois Press. p. 112.
– https://en.wikipedia.org/wiki/Flowchart

Chapter 4
반복하여 실행하기

배열

변수에는 하나의 데이터만을 저장할 수 있습니다. 즉, 100개의 데이터를 저장하기 위해서는 100개의 변수가 필요합니다. 만약 변수를 이용하여 많은 양의 데이터를 저장한다면 각 변수마다 모두 이름을 부여해야 하므로, 프로그램이 매우 복잡해지고 관리하기 힘들어 집니다.

예를 들어, 책장에서 책을 몇 권 꺼내기 위해 누군가에게 지시를 내린다고 가정해 봅시다. 일일이 책의 제목을 불러 꺼낸다면 시간이 오래 걸릴 것입니다. 만약 책마다 번호가 매겨져 있다면 "2번 책을 꺼내주세요.", "5번부터 10번까지의 책을 꺼내주세요."와 같이 간단하게 지시를 내릴 수 있을 것입니다.

이와 같이 우리는 알고리즘이나 프로그램에서 배열을 활용해 데이터에 번호를 부여하여 그 번호로 호출할 수 있습니다. 배열은 하나의 이름을 가지고 정수인 첨자를 사용하여 데이터에 접근할 수 있습니다.

배열의 예는 다음과 같습니다.

첨자	0	1	2	3	4	5	6
데이터	55	67	43	28	65	33	98

[표 4-1] 배열 x의 예

배열 x의 첫 번째 요소는 x[0]으로 접근할 수 있으며, 다섯 번째 요소는 x[4]으로 접근할 수 있습니다.

※ 프로그래밍 언어에서 배열의 첨자는 0부터 시작하는 것이 일반적이며, 첨자를 표시할 때에는 [] 혹은 () 등을 사용합니다.

순서도 예

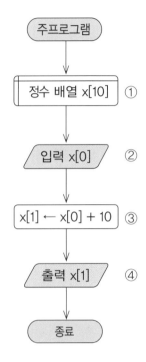

① 이 알고리즘에서 필요한 배열은 다음과 같습니다.

 – 배열 x는 정수 10개를 저장하기 위한 배열입니다.

② 데이터를 입력 받아 배열의 첫 번째 요소에 저장합니다.

 – 데이터를 입력 받아 x[0]에 저장합니다.

③ 배열의 두 번째 요소에 식을 연산한 결과를 저장합니다.

 – x[0]에 10을 더한 결과를 배열x의 두 번째 요소인 x[1]에 저장합니다.

④ 결과를 출력합니다.

 – x[1]에 저장된 값을 출력합니다.

함수

프로그래밍에서 문제를 해결할 때 반복적으로 사용하게 되는 패턴이 존재합니다. 같은 내용을 여러 번 작성하는 번거로움이 없도록 함수를 한 번만 정의하여 필요할 때마다 사용하면 효과적으로 알고리즘을 작성할 수 있게 됩니다. 즉, 문제를 해결하는 알고리즘을 작성하고 이를 필요할 때 불러서 사용할 수 있도록 한 것이 함수입니다. 함수는 매개변수를 사용하여 인수를 전달할 수 있으며 필요한 경우에는 결과값을 함수명을 통하여 받아올 수 있습니다. 함수는 함수를 정의하는 부분과 함수를 호출하는 부분으로 나누어져 있습니다.

함수를 정의하고 호출하는 알고리즘을 작성한 순서도의 예는 다음과 같습니다.

함수를 정의하는 순서도 예

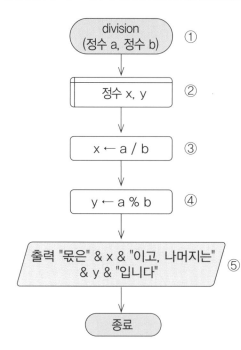

① 함수를 정의합니다.
  – 함수명은 division입니다.
  – 변수 a, b는 정수를 전달받는 매개변수들입니다.

② 이 알고리즘에서 필요한 변수는 다음과 같습니다.
  – 변수 x, y는 정수를 저장하기 위한 변수들입니다.

③ 변수에 식을 연산한 결과를 저장합니다.
  – 변수 a를 변수 b로 나눈 몫을 변수 x에 저장합니다.

④ 변수에 식을 연산한 결과를 저장합니다.
  – 변수 a를 변수 b로 나눈 나머지를 변수 y에 저장합니다.

⑤ 결과를 출력합니다.
  – 변수 x와 y의 값을 메시지와 함께 출력합니다.

함수를 호출하는 순서도 예

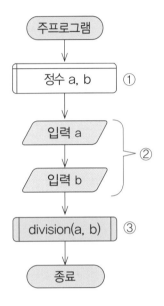

① 이 알고리즘에서 필요한 변수는 다음과 같습니다.
  – 변수 a, b는 정수를 저장하기 위한 변수들입니다.

② 데이터를 입력 받아 변수에 저장합니다.
  – 정수를 입력 받아 변수 a와 b에 저장합니다.

③ 결과를 도출하기 위하여 함수를 호출합니다.
  – 변수 a와 b의 값을 매개변수로 하여 함수 division을 호출합니다.

반복 구조

구조화 프로그램의 3개 구조 중의 또 다른 하나는 반복 구조입니다. 반복 구조는 명령들을 주어진 조건 혹은 횟수만큼 반복하는 구조를 말합니다. 반복 구조에서 조건은 실행 조건일 수 있고 종료 조건일 수도 있습니다. 실행 조건인 경우에는 조건이 참일 때 명령들을 실행하며, 종료 조건인 경우에는 조건이 참일 때 반복을 끝내고 반복 구조 다음으로 진행합니다. 또한 반복 조건을 반복이 시작되는 시점에 검사할 수도 있고 반복이 끝나는 시점에 조건을 검사할 수도 있습니다. 반복 횟수를 지정하는 경우에는 지정된 횟수만큼 명령을 반복합니다.

반복 구조를 사용하여 알고리즘을 작성한 순서도의 예는 다음과 같습니다.

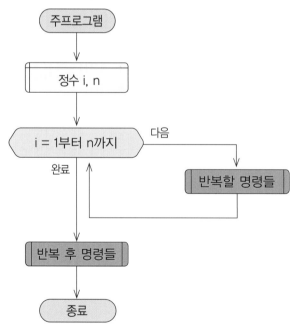

이제 1부터 10까지 정수의 합을 구하는 알고리즘을 통해 반복 구조를 살펴보겠습니다. 3가지의 예 모두 반복 구조를 사용하였지만 차이가 있습니다.

순서도 예 횟수를 지정한 반복 구조

반복 구조의 앞부분에서 반복을 제어하기 위한 초기값, 종료값 및 증감치를 모두 설정하는 경우입니다.

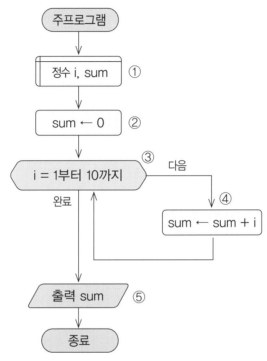

① 이 알고리즘에서 필요한 변수는 다음과 같습니다.

– 변수 i, sum은 정수를 저장하기 위한 변수들입니다.

② 합을 저장하기 위한 변수를 초기화합니다.

– 변수 sum에 0을 저장합니다.

③ 반복 횟수를 설정합니다.

– 변수 i 값을 1부터 10까지 1씩(1인 경우에 생략 가능) 증가시키면서 반복합니다.

④ 변수 sum에 변수 i의 값을 누적합니다.

– 변수 sum의 값에 변수 i의 값을 더하여 변수 sum에 저장합니다.

⑤ 결과를 출력합니다.

– 1부터 10까지의 합이 저장된 변수 sum의 값을 출력합니다.

순서도 예 조건을 먼저 검사하는 반복 구조

반복을 수행하기 전에 먼저 조건을 검사하는 경우로 처음부터 조건을 만족하지 않을 때에는 한 번도 수행하지 않을 수 있습니다.

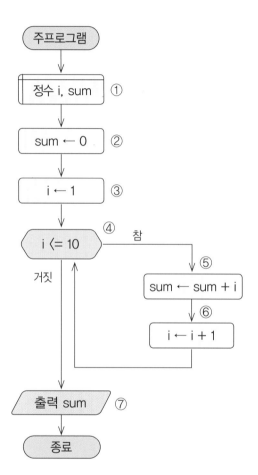

① 이 알고리즘에서 필요한 변수는 다음과 같습니다.
   – 변수 i, sum는 정수를 저장하기 위한 변수들입니다.

② 합을 저장하기 위한 변수를 초기화합니다.
   – 변수 sum에 0을 저장합니다.

③ 반복을 제어하는 변수를 초기화합니다.
   – 변수 i에 1을 저장합니다.

④ 반복 조건을 설정합니다.
   – 변수 i의 값이 10보다 작거나 같은 경우에 명령들을 반복합니다.

⑤ 변수 sum에 변수 i의 값을 누적합니다.
   – 변수 sum의 값에 변수 i의 값을 더하여 변수 sum에 저장합니다.

⑥ 반복 횟수를 제어하는 변수의 값을 변경합니다.
   – 변수 i의 값을 1만큼 누적합니다.

⑦ 결과를 출력합니다.
   – 변수 sum의 값을 출력합니다.

순서도 예   조건을 나중에 검사하는 반복 구조

반복을 수행한 후에 조건을 검사하는 경우로 반드시 한 번은 수행하게 됩니다.

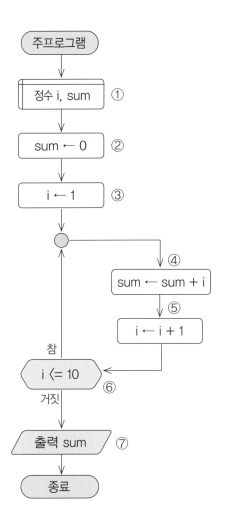

① 이 알고리즘에서 필요한 변수는 다음과 같습니다.

　– 변수 i, sum는 정수를 저장하기 위한 변수들입니다.

② 합을 저장하기 위한 변수를 초기화합니다.

　– 변수 sum에 0을 저장합니다.

③ 반복을 제어하는 변수를 초기화합니다.

　– 변수 i에 1을 저장합니다.

④ 변수 sum에 변수 i의 값을 누적합니다.

　– 변수 sum의 값에 변수 i의 값을 더하여 변수 sum에 저

　　장합니다.

⑤ 반복 횟수를 제어하는 변수의 값을 변경합니다.

　– 변수 i의 값을 1만큼 누적합니다.

⑥ 반복 조건을 설정합니다.

　– 변수 i의 값이 10보다 작거나 같은 경우에 명령들을 반

　　복합니다.

⑦ 결과를 출력합니다.

　– 변수 sum의 값을 출력합니다.

문제 해결을 위한
알고리즘 연습

> **문제** 크기가 n인 배열에 저장된 데이터(정수)들을 모두 합하여 결과를 출력해 봅시다.

🕐 문제 해결 방법

숫자가 저장되어 있는 배열에서 요소의 위치를 나타내는 첨자를 하나씩 다음으로 이동
하여 처음부터 끝까지 숫자를 더하면 됩니다.

[입력] 정수들이 저장되어 있는 배열

[출력] 배열 요소들을 모두 합한 값

다음의 예를 통해 내용을 이해해 봅시다.

배열

23	41	25	87	33	96	26	74	51	84

⬇

결과 : 540

다음과 같은 순서로 문제를 해결할 수 있습니다.

1. 배열의 처음부터 끝까지 다음의 내용을 반복합니다.

1.1 현재 위치의 배열 요소를 누적합니다.

1.2 배열의 다음 요소를 가리키게 합니다.

2. 합을 반환합니다.

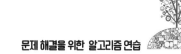

🔓 문제 해결의 예

|예| 10개의 요소를 가진 배열 요소들의 합을 구하는 경우

1번째 반복 : 첨자가 0인 요소 값 23을 변수 sum에 누적하면 230이 됩니다.

23	41	25	87	33	96	26	74	51	84

2번째 반복 : 첨자가 1인 요소 값 41을 변수 sum에 누적하면 64가 됩니다.

23	41	25	87	33	96	26	74	51	84

3번째 반복 : 첨자가 2인 요소 값 25를 변수 sum에 누적하면 89가 됩니다.

23	41	25	87	33	96	26	74	51	84

4번째 반복 : 첨자가 3인 요소 값 87을 변수 sum에 누적하면 1760이 됩니다.

23	41	25	87	33	96	26	74	51	84

5번째 반복 : 첨자가 4인 요소 값 33을 변수 sum에 누적하면 209가 됩니다.

23	41	25	87	33	96	26	74	51	84

6번째 반복 : 첨자가 5인 요소 값 96을 변수 sum에 누적하면 305가 됩니다.

23	41	25	87	33	96	26	74	51	84

7번째 반복 : 첨자가 6인 요소 값 26을 변수 sum에 누적하면 3311이 됩니다.

23	41	25	87	33	96	26	74	51	84

8번째 반복 : 첨자가 7인 요소 값 74를 변수 sum에 누적하면 405가 됩니다.

23	41	25	87	33	96	26	74	51	84

9번째 반복 : 첨자가 8인 요소 값 51을 변수 sum에 누적하면 4560이 됩니다.

23	41	25	87	33	96	26	74	51	84

10번째 반복 : 첨자가 9인 요소 값 84를 변수 sum에 누적하면 5400이 됩니다.

23	41	25	87	33	96	26	74	51	84

순서도와 알고리즘 해설(※ 134쪽 주프로그램 참고)

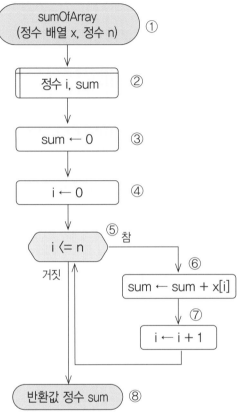

① 함수를 정의합니다.

– 함수명은 sumOfArray입니다.

– 배열 x는 정수들이 저장되어 있는 배열입니다.

– 변수 n은 배열의 크기를 저장합니다.

② 이 알고리즘에서 필요한 변수는 다음과 같습니다.

– 변수 i는 반복을 제어하고 배열의 첨자로 사용하기 위한 변수입니다.

– 변수 sum은 배열 요소 값들의 합을 저장하기 위한 변수입니다.

③ 합을 저장하기 위한 변수를 초기화합니다.

– 배열 요소의 값들을 누적하기 전에 변수를 초기화하기 위해 변수 sum에 0을 저장합니다.

④ 반복을 제어하고 배열 요소의 위치를 가리키는 첨자 값을 초기화합니다.

– 처음부터 시작하기 위하여 변수 i의 값을 0으로 초기화합니다.

⑤ 반복 조건을 설정합니다.

– 변수 i의 값이 변수 n의 값보다 작거나 같으면 반복합니다. 즉, 배열의 처음부터 끝까지 반복하도록 합니다.

⑥ 배열 요소의 값을 누적합니다.

– 변수 sum에 배열의 해당 요소의 값을 더합니다.

⑦ 반복 횟수를 제어하는 변수의 값을 변경합니다.

– 변수 i의 값을 1만큼 누적합니다.

⑧ 결과를 반환합니다.

– 배열 요소의 값을 합산한 결과인 변수 sum의 값을 반환합니다.

문제 숫자들이 정렬되어 저장된 배열에 주어진 숫자를 순서에 맞게 삽입해 봅시다.

🕐 문제 해결 방법

주어진 숫자를 정렬되어 있는 배열의 마지막 요소부터 차례로 비교하며, 주어진 숫자보다 크면 비교한 배열 요소를 뒤로 이동시키는 동작을 반복하다가 배열 요소가 주어진 숫자보다 작거나 같아지면 현재의 위치에 주어진 숫자를 저장합니다.

※ 관련 알고리즘 : 2개 숫자를 비교해서 작은 숫자 찾기 (45쪽 참고)

[입력] 숫자들이 정렬되어 저장된 배열, 삽입할 숫자

[결과] 주어진 숫자를 삽입하여 순서대로 삽입된 배열

다음의 예를 통해 내용을 이해해 봅시다.

배열

17	23	33	41	51	74	84	87	96
0	1	2	3	4	5	6	7	8

⬇ 26을 삽입

17	23	26	33	41	51	74	84	87	96
0	1	2	3	4	5	6	7	8	9

다음과 같은 순서로 문제를 해결할 수 있습니다.

1. 현재 위치가 배열의 첫 번째 요소가 되거나 배열 요소가 주어진 숫자보다 크지 않을 때까지 다음의 내용을 반복합니다.

   1.1 현재 배열 요소의 값을 다음 위치로 이동합니다.

   1.2 앞의 배열 요소를 가리킵니다.

2. 주어진 숫자를 현재의 위치에 삽입합니다.

3. 주어진 숫자가 삽입된 배열을 반환합니다.

🔓 문제 해결의 예

|예| 배열에 26을 추가하는 경우

배열의 처음 상태

17	23	33	41	51	74	84	87	96	

96이 26보다 크므로 한 칸 뒤로 이동합니다.

17	23	33	41	51	74	84	87		96

87이 26보다 크므로 한 칸 뒤로 이동합니다.

17	23	33	41	51	74	84		87	96

84가 26보다 크므로 한 칸 뒤로 이동합니다.

17	23	33	41	51	74		84	87	96

74가 26보다 크므로 한 칸 뒤로 이동합니다.

17	23	33	41	51		74	84	87	96

51이 26보다 크므로 한 칸 뒤로 이동합니다.

17	23	33	41		51	74	84	87	96

41이 26보다 크므로 한 칸 뒤로 이동합니다.

17	23	33		41	51	74	84	87	96

33이 26보다 크므로 한 칸 뒤로 이동합니다.

17	23		33	41	51	74	84	87	96

배열의 최종 상태 : 23이 26보다 크지 않으므로 현재 위치에 26을 저장합니다.

17	23	26	33	41	51	74	84	87	96

🔓 순서도와 알고리즘 해설(※ 135쪽 주프로그램 참고)

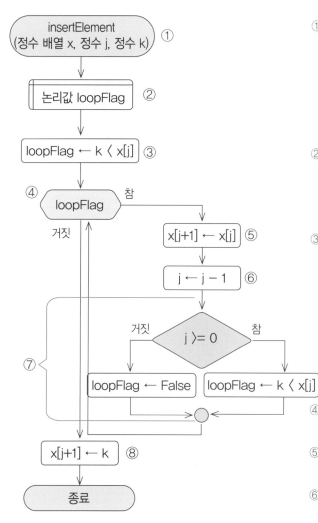

① 함수를 정의합니다.
- 함수명은 insertElement입니다.
- 배열 x는 정수가 순서대로 저상되어 있는 배열입니다.
- 변수 j은 배열의 마지막 위치(첨자)를 저장합니다.
- 변수 k는 삽입하고자 하는 숫자를 저장합니다.

② 이 알고리즘에서 필요한 논리형 변수는 다음과 같습니다.
- 논리형 변수 loopFlag를 선언하여 반복을 제어합니다.

③ 삽입하는 숫자가 배열의 마지막 요소보다 작은지 비교합니다.
- 비교 결과를 논리형 변수 loopFlag에 저장합니다. k 값이 배열의 마지막 요소보다 작다면 True 값을 저장하여 이어지는 반복 명령을 수행하게 하고. 그렇지 않다면 False 값을 저장하여 반복을 수행하지 않고 열의 마지막에 저장하도록 합니다.

④ 반복 조건을 설정합니다.
- loopFlag의 값이 참이면 반복합니다.

⑤ 현재 위치의 값을 뒤로 이동합니다.
- x[j]의 값을 x[j+1]에 저장합니다.

⑥ 현재 위치를 앞으로 이동합니다.
- 변수 j의 값을 1만큼 감소시킵니다.

⑦ 반복 지속 여부를 검사합니다.
- 변수 j의 값이 0보다 크거나 같다면 변수 loopFlag에 변수 k의 값이 현재 위치의 요소보다 작은지에 대한 값을 저장하고. 0보다 작다면 변수 loopFlag에 False를 저장합니다(※ 45쪽 참고).

⑧ 현재 위치의 다음에 삽입하고자 했던 값을 저장합니다.
- 변수 k의 값을 x[j+1]에 저장합니다.

📝문제 1부터 n까지 정수의 합을 구해 봅시다.

🕐 문제 해결 방법

1+2+3+…+n을 한꺼번에 더하는 것이 아니라 1+2를 더해 변수 sum에 저장하고 변수 sum에 저장된 값에 다시 3을 더하는 방법으로 이 문제를 해결합니다. 그러기 위해서는 1부터 n까지 숫자를 변경하기 위한 변수와 숫자들의 합을 저장할 수 있는 변수가 있어야 합니다. 또한, 1부터 n까지 변화하는 것은 횟수 반복을 사용하면 구현할 수 있으며 숫자들의 합을 저장하는 것은 누적 연산 명령을 사용하면 됩니다.

※ 관련 알고리즘 : 순서도 예 – 누적 연산인 경우 (21쪽 참고)

[입력] 정수

[출력] 1부터 정수 n까지의 합

표에 정리된 예를 살펴봅시다.

입력 값	연산 내용	결과 값
5	1부터 5까지의 합	15
10	1부터 10까지의 합	55
100	1부터 100까지의 합	5050

다음과 같은 순서로 문제를 해결할 수 있습니다.

1. 1부터 n까지 다음을 반복합니다.

　　1.1 1만큼씩 증가하는 수를 누적합니다.

2. 합을 반환합니다.

🔓 문제 해결의 예

|예| 1부터 10까지의 합

1	1
2	3
3	6
4	10
5	15
6	21
7	28
8	36
9	45
10	55

1씩 증가하며 변하는 숫자 → (표) ← 정수들의 합

🔓 순서도와 알고리즘 해설 (※ 136쪽 주프로그램 참고)

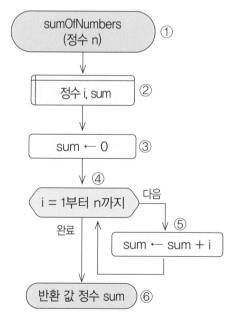

① 함수를 정의합니다.

  – 함수명은 sumOfNumbers입니다.

  – 변수 n은 정수를 전달받는 매개변수로, 범위를 설정합니다.

② 이 알고리즘에서 필요한 변수는 다음과 같습니다.

  – 변수 i, sum는 정수를 저장하기 위한 변수들입니다.

③ 합을 저장하기 위한 변수를 초기화합니다.

  – 값들을 누적하기 전에 변수를 초기화하기 위해 변수 sum에 0을 저장합니다.

④ 반복 횟수를 설정합니다.

  – i 값을 1부터 n까지 1씩(1인 경우에 생략 가능) 증가시키면서 반복합니다.

⑤ 숫자를 누적합니다.

  – 변수 sum에 변수 i의 값을 더하여 변수 sum에 저장합니다.

⑥ 결과를 반환합니다.

  – 1부터 n까지 합이 저장된 변수 sum의 값을 반환합니다.

Chapter 4

문제 1부터 n까지의 피보나치 수열을 구해 봅시다.

문제 해결 방법

피보나치 수열은 처음 두 항을 1로 하고, 다음부터는 이전 항과 그 이전의 항을 더해 만드는 수열을 말합니다. 즉, n번째 피보나치 수 $f(n) = f(n-1) + f(n-2)$가 됩니다. 따라서, 피연산자를 순환하여 연산하는 알고리즘에서 연산자를 덧셈(+)으로 하여 응용하면 됩니다.

※ 관련 알고리즘 : 피연산자를 순환하여 연산하기 (29쪽 참고)

[입력] 정수

[출력] 1부터 주어진 정수까지의 피보나치 수열

표에 정리된 예를 살펴봅시다.

입력 값	연산 내용	결과 값
10	1부터 10까지의 피보나치 수열	1, 1, 2, 3, 5, 8
30	1부터 30까지의 피보나치 수열	1, 1, 2, 3, 5, 8, 13, 21
50	1부터 50까지의 피보나치 수열	1, 1, 2, 3, 5, 8, 13, 21, 34

다음과 같은 순서로 문제를 해결할 수 있습니다.

1. 첫 번째와 두 번째 숫자를 초기화합니다.
2. 첫 번째 숫자가 주어진 숫자보다 작은 동안 다음을 반복합니다.
   2.1 첫 번째 숫자를 출력합니다.
   2.2 첫 번째 숫자와 두 번째 숫자를 더하여 세 번째 숫자를 만듭니다.
   2.3 두 번째 숫자를 첫 번째 숫자로 이동합니다.
   2.4 세 번째 숫자를 두 번째 숫자로 이동합니다.

 문제 해결의 예

|예|| 1부터 50까지의 피보나치 수열

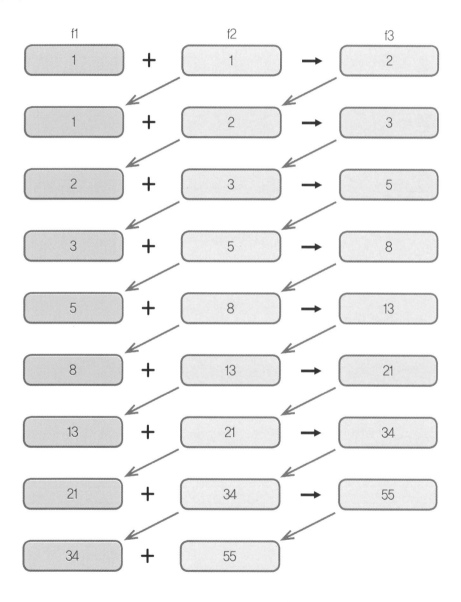

🔓 순서도와 알고리즘 해설(※ 137쪽 주프로그램 참고)

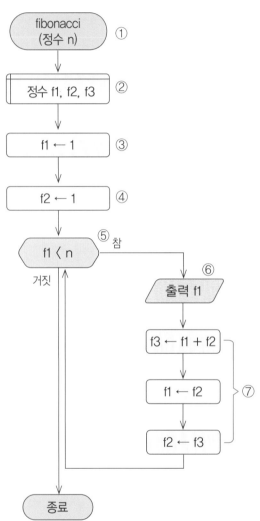

① 함수를 정의합니다.

– 함수명은 fibonacci입니다.

– 변수 n은 정수를 전달받는 매개변수로, 입력 받은 값을 저장합니다.

② 이 알고리즘에서 필요한 변수는 다음과 같습니다.

– 변수 f1, f2, f3는 정수를 저장하기 위한 변수입니다.

③ 첫 번째 숫자를 초기화합니다.

– 변수 f1에 1을 저장합니다.

④ 두 번째 숫자를 초기화합니다.

– 변수 f2에 1을 저장합니다.

⑤ 반복 조건을 설정합니다.

– f1의 값이 n보다 작은 동안 반복합니다.

⑥ 변수 f1의 값을 출력합니다.

– 수열을 출력합니다.

⑦ 변수들의 값을 갱신합니다.

– 덧셈 연산자를 사용한 피연산자를 순환하여 연산하기 (※ 29쪽 참고)를 실행합니다.

문제 주어진 정수의 2배 이상의 배수를 표시해 봅시다(단, 1배수는 제외합니다.).

⏱ 문제 해결 방법

1배수는 제외하므로 첫 번째 요소의 첨자는 주어진 숫자에 2를 곱한 수와 일치합니다. 그 다음부터는 주어진 숫자를 계속 더하여 그 값과 일치하는 첨자를 가진 배열의 요소에 1을 저장하는 것을 반복하면 됩니다.

※ 관련 알고리즘 : 2개 숫자를 비교해서 작은 숫자 찾기 (45쪽 참고)

[입력] 정수

[출력] 주어진 정수의 배수가 표시된 배열 (단, 1의 배수에 해당하는 첨자 제외)

다음의 예를 통해 내용을 이해해 봅시다. 배열의 크기가 10이고, 정수 3이 주어졌다면 1배수인 3을 제외하고 첨자가 6, 9에 해당하는 배열의 요소에 다음과 같이 1을 저장합니다.

배열

0	0	0	0	0	0	0	0	0	0
0	1	2	3	4	5	6	7	8	9

⬇ 주어진 숫자 : 3

결과

0	0	0	0	0	0	**1**	0	0	**1**
0	1	2	3	4	5	6	7	8	9

다음과 같은 순서로 문제를 해결할 수 있습니다.

1. 주어진 정수의 2배수부터 마지막 배열 요소에 도달할 때까지 주어진 정수만큼씩 건너 뛰며 다음을 반복합니다.
   1.1 해당하는 배열 요소에 1을 저장합니다.
2. 주어진 숫자의 배수를 표시한 배열을 반환합니다.

📡 문제 해결의 예

|예|| 19까지 3의 배수 찾기

처음 상태 : 배열의 모든 요소의 값을 0으로 초기화합니다.

0	1	2	3	4	5	6	7	8	9	10	11	12	13	14	15	16	17	18	19
0	0	0	0	0	0	0	0	0	0	0	0	0	0	0	0	0	0	0	0

1번째 반복 : 3의 2배수인 6이 첨자인 곳에 1을 저장합니다.

0	1	2	3	4	5	6	7	8	9	10	11	12	13	14	15	16	17	18	19
0	0	0	0	0	0	1	0	0	0	0	0	0	0	0	0	0	0	0	0

2번째 반복 : 6에 3을 더한 9가 첨자인 곳에 1을 저장합니다.

0	1	2	3	4	5	6	7	8	9	10	11	12	13	14	15	16	17	18	19
0	0	0	0	0	0	1	0	0	1	0	0	0	0	0	0	0	0	0	0

3번째 반복 : 9에 3을 더한 12가 첨자인 곳에 1을 저장합니다.

0	1	2	3	4	5	6	7	8	9	10	11	12	13	14	15	16	17	18	19
0	0	0	0	0	0	1	0	0	1	0	0	1	0	0	0	0	0	0	0

4번째 반복 : 12에 3을 더한 15가 첨자인 곳에 1을 저장합니다.

0	1	2	3	4	5	6	7	8	9	10	11	12	13	14	15	16	17	18	19
0	0	0	0	0	0	1	0	0	1	0	0	1	0	0	1	0	0	0	0

5번째 반복 : 15에 3을 더한 18이 첨자인 곳에 1을 저장합니다.

0	1	2	3	4	5	6	7	8	9	10	11	12	13	14	15	16	17	18	19
0	0	0	0	0	0	1	0	0	1	0	0	1	0	0	1	0	0	1	0

결과

0	1	2	3	4	5	6	7	8	9	10	11	12	13	14	15	16	17	18	19
0	0	0	0	0	0	1	0	0	1	0	0	1	0	0	1	0	0	1	0

순서도와 알고리즘 해설(※ 138쪽 주프로그램 참고)

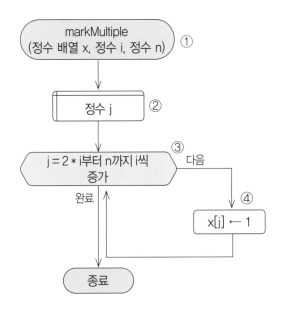

① 함수를 정의합니다.

– 함수명은 markMultiple입니다.

– 배열 x는 모든 요소에 0이 저장되어 있는 배열입니다.

– 변수 i는 배수를 찾기 위해 주어진 숫자입니다.

– 변수 n은 배열의 범위를 지정합니다(예를 들어, n이 20이면 0부터 20까지에 해당합니다.)

② 이 알고리즘에서 필요한 변수는 다음과 같습니다.

– 변수 j는 반복을 제어하기 위한 변수입니다.

③ 반복 횟수를 설정합니다.

– 변수 i 값의 2배수부터 시작하여 변수 i의 값만큼 증가시키며 반복합니다.

④ 해당 위치에 1을 저장합니다.

– 변수 j의 값과 일치하는 첨자를 가진 배열의 요소에 1로 저장하여 표시합니다.

문제 배열의 요소 값이 주어진 숫자보다 작거나 같은지 표시해 봅시다.

🕐 문제 해결 방법

배열의 각 요소에 저장된 값과 주어진 숫자를 비교하여 배열의 요소가 주어진 숫자보다 작거나 같다면 같은 크기의 또 다른 배열을 만들어 같은 위치에 1을 저장하여 표시하는 것을 반복하면 됩니다(별도의 배열에 표시해야 원래의 숫자들이 지워지지 않습니다.).

[입력] 숫자가 저장되어 있는 배열, 비교할 숫자

[출력] 주어진 숫자보다 작거나 같은 요소와 같은 위치에 1이 표시된 배열

다음의 예를 통해 내용을 이해해 봅시다. 이때, 정수 50이 주어집니다.

배열

| 23 | 25 | 41 | 33 | 87 | 26 | 74 | 51 | 84 | 96 |

🔻 주어진 숫자 : 50

결과

| 23 | 25 | 41 | 33 | 87 | 26 | 74 | 51 | 84 | 96 |
| 1 | 1 | 1 | 1 | 0 | 1 | 0 | 0 | 0 | 0 |

다음과 같은 순서로 문제를 해결할 수 있습니다.

1. 배열의 처음부터 끝까지 다음 내용을 반복합니다.

  1.1 만약 배열의 요소 값과 주어진 숫자가 작거나 같다면

    1.1.1 별도 배열의 같은 위치에 1을 저장합니다.

2. 결과를 반환합니다.

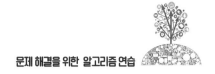

🔓 문제 해결의 예

|예| 크기가 10인 배열의 요소와 50을 비교

1번째 반복 : 23이 50보다 작거나 같으므로 별도 배열의 첨자가 0인 곳에 1을 더합니다.

23	25	41	33	87	26	74	51	84	96
1	0	0	0	0	0	0	0	0	0

2번째 반복 : 25가 50보다 작거나 같으므로 별도 배열의 첨자가 1인 곳에 1을 더합니다.

23	25	41	33	87	26	74	51	84	96
1	1	0	0	0	0	0	0	0	0

3번째 반복 : 41이 50보다 작거나 같으므로 별도 배열의 첨자가 2인 곳에 1을 더합니다.

23	25	41	33	87	26	74	51	84	96
1	1	1	0	0	0	0	0	0	0

4번째 반복 : 33이 50보다 작거나 같으므로 별도 배열의 첨자가 3인 곳에 1을 더합니다.

23	25	41	33	87	26	74	51	84	96
1	1	1	1	0	0	0	0	0	0

5번째 반복 : 87이 50보다 작거나 같지 않으므로 별도 배열의 첨자가 4인 곳의 값을 그대로 둡니다.

23	25	41	33	87	26	74	51	84	96
1	1	1	1	0	0	0	0	0	0

6번째 반복 : 26이 50보다 작거나 같으므로 별도 배열의 첨자가 5인 곳에 1을 더합니다.

23	25	41	33	87	26	74	51	84	96
1	1	1	1	0	1	0	0	0	0

7번째 반복 : 74가 50보다 작거나 같지 않으므로 별도 배열의 첨자가 6인 곳의 값을 그대로 둡니다.

23	25	41	33	87	26	74	51	84	96
1	1	1	1	0	1	0	0	0	0

8번째 반복 : 51이 50보다 작거나 같지 않으므로 별도 배열의 첨자가 7인 곳의 값을 그대로 둡니다.

23	25	41	33	87	26	74	51	84	96
1	1	1	1	0	1	0	0	0	0

9번째 반복 : 84가 50보다 작거나 같지 않으므로 별도 배열의 첨자가 8인 곳의 값을 그대로 둡니다.

23	25	41	33	87	26	74	51	84	96
1	1	1	1	0	1	0	0	0	0

10번째 반복 : 96이 50보다 작거나 같지 않으므로 별도 배열의 첨자가 9인 곳의 값을 그대로 둡니다.

23	25	41	33	87	26	74	51	84	96
1	1	1	1	0	1	0	0	0	0

🔊 순서도와 알고리즘 해설(※ 139쪽 주프로그램 참고)

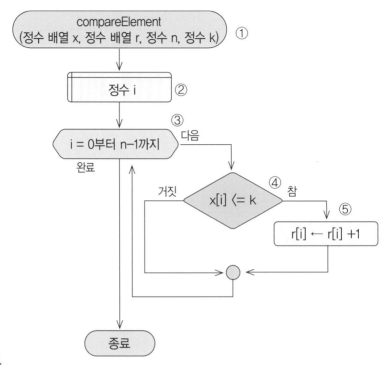

① 함수를 정의합니다.

- 함수명은 compareElement입니다.

- 배열 x는 정수들이 저장되어 있는 배열입니다.

- 배열 r은 주어진 숫자보다 작거나 같은가를 표시하기 위한 배열로 모든 요소에 0이 저장되어 있습니다.

- 변수 n은 배열의 크기를 저장합니다.

- 변수 k는 크기를 비교하기 위한 기준 숫자가 저장되어 있습니다.

② 이 알고리즘에서 필요한 변수는 다음과 같습니다.

- 변수 i는 반복을 제어하기 위한 변수입니다.

③ 반복 횟수를 설정합니다.

- 배열 x의 처음부터 마지막 요소까지 비교하기 위해 0부터 시작하여 n−1까지 1씩 증가시켜 반복합니다.

④ 배열의 요소와 주어진 숫자를 비교합니다.

- 배열 x의 현재 요소가 주어진 숫자 k보다 작거나 같으면 참, 그렇지 않으면 거짓이 됩니다.

⑤ 배열의 요소가 주어진 숫자보다 작거나 같음을 별도 배열에 표시합니다.

- 배열 r의 요소에 배열 x의 해당 요소와 같은 위치에 1을 더합니다(※ 더하지 않고 1을 저장해도 됩니다.).

문제 배열에 있는 숫자들 중에서 가장 작은 숫자가 저장된 위치를 찾아봅시다.

🕐 문제 해결 방법

현재까지 가장 작은 값이 저장된 요소의 위치(첨자)를 저장하고 이 위치의 배열 요소를 다음 요소와 비교합니다. 만약, 현재 가장 작은 값이 저장된 위치의 요소보다 비교한 배열 요소가 작으면 더 작은 값을 가지는 위치를 저장합니다.

※ 관련 알고리즘 : 2개 숫자 비교해서 작은 숫자 찾기 (45쪽 참고)

[입력] 숫자가 저장되어 있는 배열

[출력] 배열에서 작은 값을 가지는 배열 요소의 위치

다음의 예를 통해 내용을 이해해 봅시다.

배열

23	41	17	87	33	96	26	74	51	84
0	1	2	3	4	5	6	7	8	9

⬇

결과

24	41	17	87	33	96	26	74	51	84
0	1	2	3	4	5	6	7	8	9

다음과 같은 순서로 문제를 해결할 수 있습니다.

1. 배열의 첫 번째 요소 위치를 가장 작은 값을 가지는 요소의 위치로 저장합니다.
2. 배열의 두 번째부터 끝까지 다음을 반복합니다.
   2.1 현재 위치의 요소가 가장 작은 값을 가지는 요소보다 더 작다면
      2.1.1 현재 위치의 요소를 가장 작은 값을 가지는 요소의 위치로 저장합니다.
3. 가장 작은 값을 가지는 요소의 위치를 반환합니다.

🔓 문제 해결의 예

|예| 크기가 10인 배열의 요소 중 가장 작은 값 구하기

첫 번째 요소의 위치(첨자)인 0을 변수 min에 저장합니다.

23	41	17	87	33	96	26	74	51	84

1번째 반복 : 41이 23보다 작지 않으므로 변수 min의 값이 바뀌지 않습니다.

23	41	17	87	33	96	26	74	51	84

2번째 반복 : 17이 23보다 작으므로 변수 min에 현재 위치(첨자)인 2를 저장합니다.

23	41	17	87	33	96	26	74	51	84

3번째 반복 : 87이 17보다 작지 않으므로 변수 min의 값이 바뀌지 않습니다.

23	41	17	87	33	96	26	74	51	84

4번째 반복 : 33이 17보다 작지 않으므로 변수 min의 값이 바뀌지 않습니다.

23	41	17	87	33	96	26	74	51	84

5번째 반복 : 96이 17보다 작지 않으므로 변수 min의 값이 바뀌지 않습니다.

23	41	17	87	33	96	26	74	51	84

6번째 반복 : 26이 17보다 작지 않으므로 변수 min의 값이 바뀌지 않습니다.

23	41	17	87	33	96	26	74	51	84

7번째 반복 : 74가 17보다 작지 않으므로 변수 min의 값이 바뀌지 않습니다.

23	41	17	87	33	96	26	74	51	84

8번째 반복 : 51이 17보다 작지 않으므로 변수 min의 값이 바뀌지 않습니다.

23	41	17	87	33	96	26	74	51	84

9번째 반복 : 84가 17보다 작지 않으므로 변수 min의 값이 바뀌지 않으며, 최종적으로 2가 됩니다.

23	41	17	87	33	96	26	74	51	84

🔓 순서도와 알고리즘 해설(※ 140쪽 주프로그램 참고)

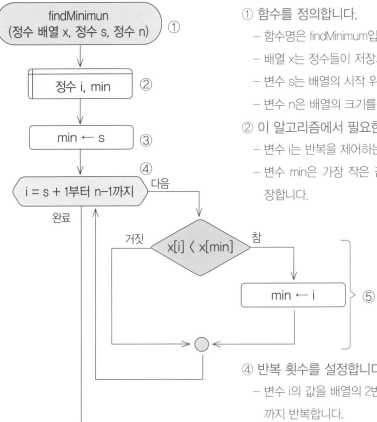

① 함수를 정의합니다.

- 함수명은 findMinimum입니다.
- 배열 x는 정수들이 저장되어 있는 배열입니다.
- 변수 s는 배열의 시작 위치(첨자)를 저장합니다.
- 변수 n은 배열의 크기를 저장합니다.

② 이 알고리즘에서 필요한 변수는 다음과 같습니다.

- 변수 i는 반복을 제어하는데 사용합니다.
- 변수 min은 가장 작은 값을 가진 요소의 위치(첨자)를 저장합니다.

③ 배열의 첫 번째 요소 위치를 가장 작은 수의 위치로 저장합니다.

- 주어진 배열의 시작 위치가 변수 s의 값이므로 변수 s의 값을 변수 min에 저장합니다.

④ 반복 횟수를 설정합니다.

- 변수 i의 값을 배열의 2번째 위치부터 1씩 증가시키면서 끝까지 반복합니다.
- 배열의 두 번째 위치는 시작 위치가 변수 s의 값이므로 '변수 s의 값+1'이 됩니다.
- 배열의 끝은 n−1이 됩니다.

⑤ 해당 위치의 값이 현재 가장 작은 값보다 작으면 해당 위치를 저장합니다

- 현재의 배열 요소인 x[i]가 지금까지의 가장 작은 요소인 x[min]보다 작으면 변수 min에 변수 i의 값을 저장합니다 (※ 45쪽 참고).

⑥ 가장 작은 숫자가 저장되어 있는 위치를 반환합니다.

- 변수 min의 값을 반환합니다.

문제 배열에 저장된 숫자들 중에서 가장 큰 숫자를 배열의 마지막에 저장해 봅시다.

문제 해결 방법

배열에서 연속되어 있는 두 숫자들을 비교하여 작은 숫자는 앞에, 큰 숫자는 뒤에 나열합니다. 배열의 첫 요소부터 마지막 요소까지 이와 같은 동작을 반복하면 가장 큰 숫자가 배열의 마지막 요소로 오게 됩니다.

※ 관련 알고리즘 : 2개의 숫자를 순서대로 정렬하기 (48쪽 참고)

[입력] 숫자가 저장되어 있는 배열

[출력] 가장 큰 숫자가 마지막에 저장되어 있는 배열

다음의 예를 통해 내용을 이해해 봅시다.

배열

23	41	25	87	33	96	26	74	51	84

결과

23	25	41	33	87	26	74	51	84	96

다음과 같은 순서로 문제를 해결할 수 있습니다.

1. 배열의 처음부터 끝까지 다음을 반복합니다.

   1.1 만약 현재 위치의 요소 값이 그 다음 요소 값보다 크다면

      1.1.1 두 요소에 저장된 값을 서로 바꿉니다.

2. 결과를 반환합니다.

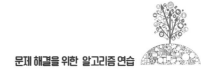

🔓 문제 해결의 예

|예| 크기가 10인 배열의 요소 중 가장 큰 값을 마지막 요소에 저장하기

1번째 반복 : 23이 41보다 크지 않으므로 그대로 둡니다.

23	41	25	87	33	96	26	74	51	84

2번째 반복 : 41이 25보다 크므로 두 수를 바꿉니다.

23	41	25	87	33	96	26	74	51	84

3번째 반복 : 41이 87보다 크지 않으므로 그대로 둡니다.

23	25	41	87	33	96	26	74	51	84

4번째 반복 : 87이 33보다 크므로 두 수를 바꿉니다.

23	25	41	87	33	96	26	74	51	84

5번째 반복 : 87이 96보다 크지 않으므로 그대로 둡니다.

23	25	41	33	87	96	26	74	51	84

6번째 반복 : 96이 26보다 크므로 두 수를 바꿉니다.

23	25	41	33	87	96	26	74	51	84

7번째 반복 : 96이 74보다 크므로 두 수를 바꿉니다.

23	25	41	33	87	26	96	74	51	84

8번째 반복 : 96이 51보다 크므로 두 수를 바꿉니다.

23	25	41	33	87	26	74	96	51	84

9번째 반복 : 96이 84보다 크므로 두 수를 바꿉니다.

23	25	41	33	87	26	74	51	96	84

결과 : 최종적으로 가장 큰 숫자인 96이 마지막에 있음을 확인할 수 있습니다.

23	25	41	33	87	26	74	51	84	96

컴퓨팅 사고력을 위한 알고리즘&순서도 연습

프로그램의 순서도

🔓 순서도와 알고리즘 해설(※ 141쪽 주프로그램 참고)

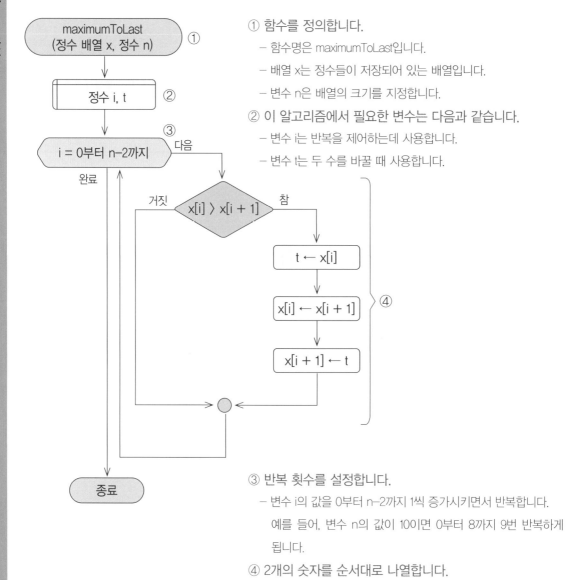

① 함수를 정의합니다.

– 함수명은 maximumToLast입니다.

– 배열 x는 정수들이 저장되어 있는 배열입니다.

– 변수 n은 배열의 크기를 지정합니다.

② 이 알고리즘에서 필요한 변수는 다음과 같습니다.

– 변수 i는 반복을 제어하는데 사용합니다.

– 변수 t는 두 수를 바꿀 때 사용합니다.

③ 반복 횟수를 설정합니다.

– 변수 i의 값을 0부터 n-2까지 1씩 증가시키면서 반복합니다.
예를 들어, 변수 n의 값이 10이면 0부터 8까지 9번 반복하게
됩니다.

④ 2개의 숫자를 순서대로 나열합니다.

– 변수 i의 값이 가리키는 요소와 뒤에 있는 요소를 비교하여 순
서대로 나열합니다(※ 48쪽 참고).

조금 더 알아보기

구조화 프로그래밍 (Structured Programming)의 역사

1960년대 후반으로 오면서 소프트웨어 시스템은 복잡해지기 시작했으며 프로그램을 이해하고 유지하는 것뿐만 아니라 소프트웨어의 설계, 코딩, 테스트를 할 때 많은 문제점이 발생하였습니다. 이러한 문제는 "소프트웨어 위기"라고 불리워질 정도로 심각했으며 해결책을 찾아야 했습니다.

이런 문제를 해결하고자 하는 많은 노력이 있었는데 구조화 프로그래밍도 이런 노력 중의 하나였습니다. "구조화 프로그래밍"이라는 표현은 1969년 나토(NATO) 소프트웨어 공학 협의회에서 에르허츠 다익스트라(Edsger Wyde Dijstra)가 처음으로 사용했는데 그는 큰 프로그램의 복잡성과 프로그램 정확성의 문제들에 대한 그의 견해를 피력하였습니다. 특히 미국 컴퓨터학회 논문지(CACM)의 편집자에게 보낸 "해롭게 여겨지는 GOTO문(GOTO Statement considered harmful)"이라고 명명된 편지에서 구조화 프로그래밍에 대한 이유로 GOTO문은 저급한 제어 구조이며, 프로그램을 엉망으로 만들고 프로그램의 구조를 분명치 않게 만들어 순차적으로 읽어 나갈 수 없게 만든다고 지적하였습니다.

그 후 많은 컴퓨터 과학자들이 GOTO문의 사용에 대하여 부정적인 견해를 밝혔으며 특히, 뵘(Boöhm)과 자코피니(Jacopini)는 GOTO문의 제거를 지지하는 이론적 논점을 제시하였는데 일련의 논문을 통하여 순차 구조, 반복 구조 및 선택 구조를 사용하여 어떤 프로그램도 작성할 수 있다는 것 즉, 이론적으로 구조화 프로그래밍에서 GOTO문은 필요 없는 제어구조라는 것을 증명하였습니다.

다익스트라의 편지로부터 촉발된 GOTO 논쟁은 구조화 프로그래밍에 의해 가려졌지만 때때로 GOTO가 없는 프로그래밍과 구조화 프로그래밍인 동일시되기도 하였는데 결국, 구조화 프로그래밍의 목적은 GOTO문 없는 프로그램을 만드는 것을 포함한다고 볼 수 있으며 순차, 반복 및 선택 구조를 기반으로 프로그래밍하여 쉽게 설계하고 이해할 수 있는 프로그램을 작성하는 것으로 확립되었습니다.

– 우치수 편역(1993). Computer-Aided SOFTWARE 공학. 상조사

– Dijkstra, E. W. (March 1968). "Letters to the editor: go to statement considered harmful". Communications of the ACM. 11 (3): 147–148.

– https://en.wikipedia.org/wiki/Structured_programming

Chapter 5
컴퓨팅 사고로 문제 해결하기

컴퓨팅 사고

컴퓨팅 사고(Computational thinking)를 보급하는데 큰 역할을 했던 Wing은 "컴퓨팅 사고를 통해 복잡한 문제를 해결하고 문제가 무엇인지 이해하며 문제 해결 방법을 개발할 수 있다. 이러한 문제 해결 방법은 컴퓨터, 사람 혹은 둘 다 이해할 수 있는 방법으로 표현할 수 있다."고 말합니다.

영국의 BBC에서는 컴퓨팅 사고의 요소로, [그림 5-1]※과 같이 분해(Decomposition), 패턴 인식(Pattern Recognition), 추상화(Abstraction), 알고리즘(Algorithms)를 제시합니다.

먼저, '분해'는 복잡한 문제를 문제 해결이 가능한 일련의 작은 문제들로 나누는 것을 말하며, '패턴 인식'은 주어진 문제와 비슷한 문제들이 어떻게 해결되었는지 조사하여 그 방법을 일반화하여 문제에 적용하여 해결하는 것을 말합니다. '추상화'는 불필요한 정보는 무시하고 문제 해결에 중요한 사항에만 초점을 맞추는 것을 말합니다. 마지막으로 '알고리즘'은 문제를 해결할 수 있는 단

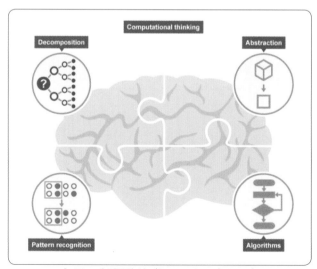

[그림 5-1] 컴퓨팅 사고(Computational Thinking)

※ https://www.bbc.com/education/guides/zp92mp3/revision/1

계 혹은 규칙들을 설계하는 것을 말합니다. 예를 들어 선택 정렬을 앞서 설명한 컴퓨팅 사고를 기반으로 하여 해결하면 다음과 같습니다. 선택 정렬이란 정렬되지 않고 남은 데이터들 중에서 가장 작은 데이터를 선택하여 차례로 나열함으로써 데이터들을 정렬하는 방법으로, 선택 정렬 문제를 분해하면 가장 작은 데이터를 선택하는 것과 이를 차례로 나열하는 것으로 분해할 수 있는데 이러한 동작을 반복하면 됩니다. 이를 순서도로 표현하면 [그림 5-2]와 같습니다.

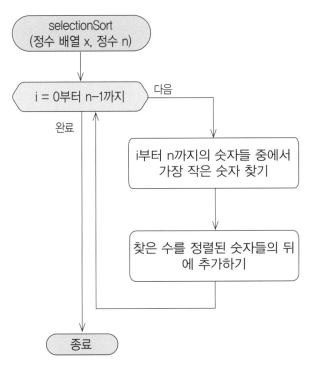

[그림 5-2] 선택 정렬 순서도의 예

가장 작은 데이터를 선택하는 모듈은 '가장 작은 숫자 찾기'라는 함수(findMinimum)로 표현할 수 있는데 이에 대한 상세한 사항은 나중에 해결하기로 하고 [그림 5-2]와 같이 함수를 호출하는 것으로 표현할 수 있습니다. 이러한 활동을 추상화라고 합니다. '가장 작은 숫자 찾기' 모듈은 이전에 해결하였던 방법(※ 79쪽 참고)을 활용할 수 있는데 이 과정은 패턴 인식 혹은 일반화라고 부르는 과정입니다.

문제 해결을 위한
알고리즘 연습

[도전문제] 두 정수의 최대공약수를 구하여 결과를 출력해 봅시다. (유클리드 호제법)

🕐 문제 해결 방법

유클리드 호제법에 따르면 피연산자를 순환하면서 나머지 연산을 하는 동작을 피연산자가 0이 될 때까지 반복하면 최대공약수를 얻을 수 있습니다.

※ 관련 알고리즘 : 피연산자를 순환하여 연산하기(29쪽 참고)

[입력] 정수 2개

[출력] 정수 2개의 최대공약수

다음의 예를 통해 내용을 이해해 봅시다.

첫 번째 숫자

8652

두 번째 숫자

2766

최대공약수

6

다음과 같은 순서로 문제를 해결할 수 있습니다.

  1. 순환되는 피연산자가 0이 될 때까지 다음을 반복합니다.

   1.1 피연산자를 순환하여 나머지 연산을 합니다.

  2. 결과를 반환합니다.

🔓 문제 해결의 예

|예| 8652과 2766의 최대공약수 구하는 경우

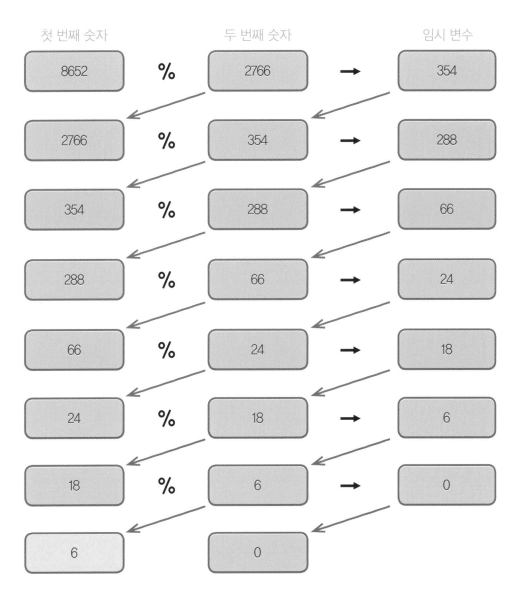

→ 실행한 결과로 8652와 2766의 최대공약수는 6이 출력됩니다.

Chapter
5

순서도와 알고리즘 해설(※ 142쪽 주프로그램 참고)

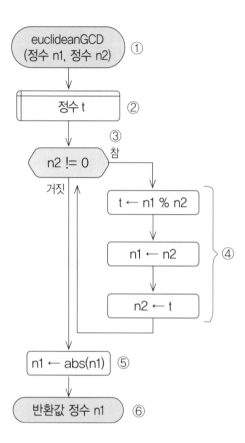

① 함수를 정의합니다.

– 함수명은 euclideanGCD입니다.

– 변수 n1, n2는 정수를 전달 받는 매개변수들입니다.

② 이 알고리즘에서 필요한 변수는 다음과 같습니다.

– 변수 t는 중간 결과를 저장하기 위한 임시 변수입니다.

③ 반복 조건을 설정합니다.

– 변수 n2의 값이 0이 될 때까지 반복합니다.

④ 피연산자를 순환하는 나머지 연산을 합니다.

– 두 번째 피연산자의 값을 첫 번째 피연산자를 저장하는 변수 n1로, 나머지 연산을 한 결과를 두 번째 피연산자를 저장하는 변수 n2로 이동합니다.(※ 29쪽 참고)

⑤ 최대공약수는 자연수이므로 절대값으로 변환합니다.

– 변수 n1의 값을 절대값으로 변환합니다.

⑥ 최대공약수를 반환합니다.

– 변수 n1의 값을 반환합니다.

문제 정해진 범위 내의 소수를 구하여 결과를 출력해 봅시다. (에라토스테네스의 체)

⏱ 문제 해결 방법

0부터 19까지의 범위 내에서 소수를 찾기 위해 첨자가 19까지인 배열을 만듭니다. 2의 2배 이상의 배수의 첨자가 가리키는 배열 요소를 표시하고 (실제는 '1'을 저장), 다음에는 3의 2배 이상의 배수가 첨자로 가리키는 배열 요소를 표시합니다. 이러한 과정을 주어진 정수(여기에서는 19)의 제곱근(여기에서는 19의 제곱근이 4.3588… 이므로 4)까지 반복합니다.

1이 저장된 배열을 제외하고 나머지 배열을 걸러내면 해당 배열의 첨자가 소수들입니다 (단, 첨자 0과 1은 제외). 이러한 방법을 '에라토스테네스의 체 (Sieve of Eratosthenes)'라고 부릅니다.

※ 관련 알고리즘 : 주어진 숫자의 배수 표시하기 (73쪽 참고)

[입력] 정수

[출력] 소수가 가리키는 배열 요소 값이 1인 배열

0	1	2	3	4	5	6	7	8	9	10	11	12	13	14	15	16	17	18	19
0	0	0	0	1	0	1	0	1	1	1	0	1	0	1	1	1	0	1	0

다음과 같은 순서로 문제를 해결할 수 있습니다.

　1. 2부터 주어진 숫자의 제곱근까지 1씩 증가시키면서 다음을 반복합니다.

　　1.1 현재 숫자의 2배 이상의 배수를 표시합니다.

　2. 소수를 가리키는 배열 요소 값이 1로 저장되어 있는 배열을 반환합니다.

Chapter
5

🔓 문제 해결의 예

|예| 0~19 사이의 소수 찾기

처음 상태 : 19의 제곱근은 4.3588… 이므로 i가 4가 될 때까지 반복합니다.

0	1	2	3	4	5	6	7	8	9	10	11	12	13	14	15	16	17	18	19
0	0	0	0	0	0	0	0	0	0	0	0	0	0	0	0	0	0	0	0

1번째 반복 : 2의 2배 이상의 배수인 4, 6, 8, 10, 12, 14, 16, 18이 첨자인 곳에 1을 저장합니다.

0	1	2	3	4	5	6	7	8	9	10	11	12	13	14	15	16	17	18	19
0	0	0	0	1	0	1	0	1	0	1	0	1	0	1	0	1	0	1	0

2번째 반복 : 3의 2배 이상의 배수인 6, 9, 12, 15, 18이 첨자인 곳에 1을 저장합니다.

0	1	2	3	4	5	6	7	8	9	10	11	12	13	14	15	16	17	18	19
0	0	0	0	0	0	1	0	0	1	0	0	1	0	0	1	0	0	1	0

3번째 반복 : 4의 2배 이상의 배수인 8, 12, 16이 첨자인 곳에 1을 저장합니다.

0	1	2	3	4	5	6	7	8	9	10	11	12	13	14	15	16	17	18	19
0	0	0	0	0	0	0	0	1	0	0	0	1	0	0	0	1	0	0	0

결과 : 첨자가 2 이상이며 값이 0인 요소의 첨자를 출력하면 다음과 같습니다. 2, 3, 5, 7, 11, 13, 17, 19

0	1	2	3	4	5	6	7	8	9	10	11	12	13	14	15	16	17	18	19
0	0	0	0	1	0	1	0	1	1	1	0	1	0	1	1	1	0	1	0

🔓 순서도와 알고리즘 해설(※ 143쪽 주프로그램 참고)

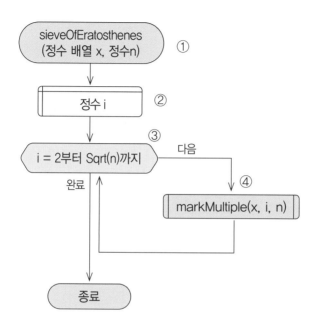

① 함수를 정의합니다.

　– 함수명은 sieveOfEratosthenes입니다.

　– 배열 x는 모든 요소에 0이 저장되어 있습니다.

　– 변수 n은 배열의 범위를 지정합니다.

② 이 알고리즘에서 필요한 변수는 다음과 같습니다.

　– 변수 i는 반복을 제어하기 위한 변수입니다.

③ 반복 횟수를 설정합니다.

　– 변수 i를 2부터 변수 n에 저장된 숫자의 제곱근까지 1씩 증가시켜 반복합니다.

④ 변수 i값의 배수를 표시합니다.

　– 배열 x에서 변수 i의 배수와 같은 첨자를 가진 배열에 1을 저장합니다.(단, 0과 1 제외)(※ 73쪽 참고)

※ 결과 배열에서 값이 0인 요소의 첨자들이 소수이므로 이를 출력합니다.

Chapter 5

컴퓨터 사고력 문제 해결하기

문제 배열에 저장된 숫자의 순위를 정해 봅시다. 단, 가장 큰 숫자의 순위가 1이 됩니다.

🕐 문제 해결 방법

배열의 첫 번째 요소부터 차례대로 기준 숫자로 정해 배열의 모든 숫자에 대하여 기준 숫자보다 작거나 같은 값을 가진 위치의 요소에 1을 더하면 각각의 요소에 대한 순위가 표시된 배열을 구할 수 있습니다.

※ 관련 알고리즘 : 주어진 숫자보다 작거나 같은 숫자 표시하기 (76쪽 참고)

[입력] 숫자들이 저장되어 있는 배열

[출력] 주어진 배열의 각 요소들에 대힌 순위가 저장된 배열

배열

23	41	25	87	33	96	26	74	51	84

⬇

결과

23	41	25	87	33	96	26	74	51	84
10	6	9	2	7	1	8	4	5	3

다음과 같은 순서로 문제를 해결할 수 있습니다.

1. 배열의 모든 요소에 대하여 다음을 반복합니다.

    1.1 현재 요소의 값보다 작거나 같은 배열 요소의 순위를 1만큼 증가시킵니다.

2. 순위가 저장된 배열을 반환합니다.

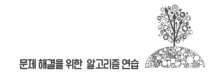

🔓 문제 해결의 예

|예| 10개의 요소를 가진 배열의 요소에 순위 매기기

1번째 반복 : 1번째 숫자인 23보다 작거나 같은 숫자가 있는 위치의 별도 배열의 요소 값을 1만큼 증가시킵니다.

23	41	25	87	33	96	26	74	51	84
1	0	0	0	0	0	0	0	0	0

2번째 반복 : 2번째 숫자인 41보다 작거나 같은 숫자가 있는 위치의 별도 배열의 요소 값을 1만큼 증가시킵니다.

23	41	25	87	33	96	26	74	51	84
2	1	1	0	1	0	1	0	0	0

3번째 반복 : 3번째 숫자인 25보다 작거나 같은 숫자가 있는 위치의 별도 배열의 요소 값을 1만큼 증가시킵니다.

23	41	25	87	33	96	26	74	51	84
3	1	2	0	1	0	1	0	0	0

4번째 반복 : 4번째 숫자인 87보다 작거나 같은 숫자가 있는 위치의 별도 배열의 요소 값을 1만큼 증가시킵니다.

23	41	25	87	33	96	26	74	51	84
4	2	3	1	2	0	2	1	1	1

5번째 반복 : 5번째 숫자인 33보다 작거나 같은 숫자가 있는 위치의 별도 배열의 요소 값을 1만큼 증가시킵니다.

23	41	25	87	33	96	26	74	51	84
5	2	4	1	3	0	3	1	1	1

6번째 반복 : 6번째 숫자인 96보다 작거나 같은 숫자가 있는 위치의 별도 배열의 요소 값을 1만큼 증가시킵니다.

23	41	25	87	33	96	26	74	51	84
6	3	5	2	4	1	4	2	2	2

7번째 반복 : 7번째 숫자인 26보다 작거나 같은 숫자가 있는 위치의 별도 배열의 요소 값을 1만큼 증가시킵니다.

23	41	25	87	33	96	26	74	51	84
7	3	6	2	4	1	5	2	2	2

8번째 반복 : 8번째 숫자인 74보다 작거나 같은 숫자가 있는 위치의 별도 배열의 요소 값을 1만큼 증가시킵니다.

23	41	25	87	33	96	26	74	51	84
8	4	7	2	5	1	6	3	3	2

9번째 반복 : 9번째 숫자인 51보다 작거나 같은 숫자가 있는 위치의 별도 배열의 요소 값을 1만큼 증가시킵니다.

23	41	25	87	33	96	26	74	51	84
9	5	8	2	6	1	7	3	4	2

10번째 반복 : 10번째 숫자인 84보다 작거나 같은 숫자가 있는 위치의 별도 배열의 요소 값을 1만큼 증가시킵니다.

23	41	25	87	33	96	26	74	51	84
10	6	9	2	7	1	8	4	5	3

컴퓨팅 사고력을 위한 알고리즘&순서도 입문

🔓 순서도와 알고리즘 해설(※ 145쪽 주프로그램 참고)

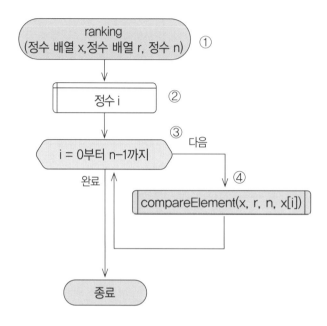

① 함수를 정의합니다.

  – 함수명은 ranking입니다.

  – 배열 x는 정수들이 0이 저장되어 있는 배열입니다.

  – 배열 r은 주어진 숫자보다 작거나 같은가를 표시하기 위한 배열입니다.

  – 변수 n은 배열의 크기를 지정합니다.

② 이 알고리즘에서 필요한 변수는 다음과 같습니다.

  – 변수 i는 반복을 제어하기 위한 변수입니다.

③ 배열의 처음부터 끝까지 반복하도록 반복 횟수를 설정합니다.

  – 변수 i의 값을 0부터 n−1까지 1씩 증가시키면서 반복합니다.

④ 배열의 모든 요소에 대하여 i번째 요소와 크기를 비교합니다.

  – 크기를 비교한 결과를 순위를 지정하는 배열의 요소에 더합니다.(※76쪽 참고)

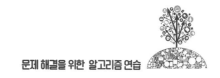

탐색하기–탐색의 개요 및 알고리즘 구조

탐색이란 컴퓨터에 저장되어 있는 많은 데이터들 중에서 주어진 데이터가 있는 위치를 찾아내는 것을 말합니다. 데이터가 저장되어 있는 상태, 즉 정렬되어 있는가 혹은 어떤 분포를 가지는가에 따라 효율적으로 탐색할 수 있는 알고리즘이 다릅니다. 기본적인 탐색 알고리즘으로는 순차 탐색과 이진 탐색이 있는데 탐색 알고리즘의 전형적인 형태는 [그림 5–3]과 같으며 "Search" 라고 하는 함수 대신에 다양한 탐색 함수로 대체하면 됩니다.

순차 탐색은 요소들이 나열되어 있을 때 처음 요소부터 시작하여 그 요소가 찾는 데이터인지 비교해 가는 방법입니다. 만약 찾는 데이터가 있으면 탐색이 성공한 것이고 마지막 요소까지 비교하였는데도 없으면 찾는 데이터가 없는 것입니다.

순차 탐색으로 데이터를 찾는 경우에 찾는 데이터가 처음에 위치하면 한 번만 비교해서 찾을 수도 있지만 찾는 데이터가 가장 끝에 위치하거나 없으면 모든 데이터를 비교해야만 합니다. 따라서, 탐색 시간의 관점에서 본다면 최악의 경우가 발생할 수도 있습니다. 그러나, 데이터가 정렬되어 있지 않은 경우와 같이 데이터 분포에 대한 정보가 전혀 없는 경우에는 이 방법만 사용할 수 있습니다.

순차 탐색의 개념을 그림으로 표현하면 다음과 같습니다.

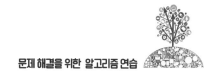

이진 탐색은 데이터들이 순서대로 나열되어 있을 때 사용할 수 있는 탐색 방법입니다. 즉, 나열되어 있는 데이터들 중에서 가운데에 있는 데이터가 찾는 데이터인지 제일 먼저 검사합니다. 만약 찾는 데이터라면 찾은 것이지만 다르다면 다음 동작으로 진행해야 합니다. 찾는 데이터가 가운데의 데이터보다 작다면 찾는 데이터는 가운데보다 앞쪽에 있다고 볼 수 있으므로 가운데보다 앞쪽에서 찾고, 찾는 데이터가 가운데의 데이터보다 크다면 가운데보다 뒤쪽에 있다고 볼 수 있으므로 가운데보다 뒤쪽에서 찾으면 될 것입니다. 이때도 각 부분의 가운데에 있는 데이터와 비교합니다. 이렇게 하면 순차 탐색보다 훨씬 효율적으로 탐색할 수 있게 됩니다. 단, 이진 탐색 방법을 사용하기 위해서는 반드시 데이터가 정렬되어 있어야 합니다.

이진 탐색의 개념을 그림으로 표현하면 다음과 같습니다.

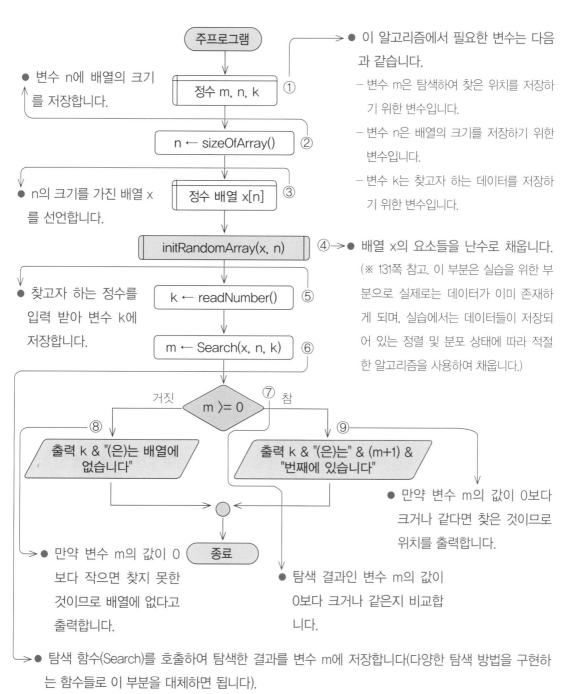

주프로그램

정수 m, n, k ①

● 이 알고리즘에서 필요한 변수는 다음
과 같습니다.

　– 변수 m은 탐색하여 찾은 위치를 저장하
기 위한 변수입니다.

● 변수 n에 배열의 크기
를 저장합니다.

n ← sizeOfArray() ②

　– 변수 n은 배열의 크기를 저장하기 위한
변수입니다.

정수 배열 x[n] ③

　– 변수 k는 찾고자 하는 데이터를 저장하
기 위한 변수입니다.

● n의 크기를 가진 배열 x
를 선언합니다.

initRandomArray(x, n) ④ → ● 배열 x의 요소들을 난수로 채웁니다.
(※ 131쪽 참고. 이 부분은 실습을 위한 부
분으로 실제로는 데이터가 이미 존재하
게 되며, 실습에서는 데이터들이 저장되
어 있는 정렬 및 분포 상태에 따라 적절
한 알고리즘을 사용하여 채웁니다.)

● 찾고자 하는 정수를
입력 받아 변수 k에
저장합니다.

k ← readNumber() ⑤

m ← Search(x, n, k) ⑥

거짓　　　⑦　　참
m >= 0

⑧
출력 k & "(은)는 배열에
없습니다"

⑨
출력 k & "(은)는" & (m+1) &
"번째에 있습니다"

● 만약 변수 m의 값이 0보다
크거나 같다면 찾은 것이므로
위치를 출력합니다.

● 만약 변수 m의 값이 0
보다 작으면 찾지 못한
것이므로 배열에 없다고
출력합니다.

종료

● 탐색 결과인 변수 m의 값이
0보다 크거나 같은지 비교합
니다.

● 탐색 함수(Search)를 호출하여 탐색한 결과를 변수 m에 저장합니다(다양한 탐색 방법을 구현하
는 함수들로 이 부분을 대체하면 됩니다).

[그림 5–3] 탐색 알고리즘의 전형

컴퓨팅 사고력을 위한 알고리즘과 정보표현 탐구

문제 숫자들이 저장되어 있는 배열에서 주어진 숫자가 저장된 위치를 출력해 봅시다.
(순차 탐색)

⏱ 문제 해결 방법

배열의 처음부터 끝까지 차례로 주어진 숫자와 비교하여 찾아가면 됩니다.

※ 관련 알고리즘 : n개의 데이터 합 구하기 (62쪽 참고)

[입력] 숫자들이 저장되어 있는 배열, 찾고자 하는 숫자

[출력] 주어진 숫자가 있는 배열 요소의 위치

다음의 예를 통해 내용을 이해해 봅시다. 이때, 정수 51이 주어집니다. 이 배열에서 51
은 9번째에 위치해 있습니다(※ 위치는 첨자에 1을 더합니다.).

배열

23	41	25	87	33	96	26	74	51	84

⬇ 주어진 숫자 : 51

23	41	25	87	33	96	26	74	**51**	84
0	1	2	3	4	5	6	7	**8**	9

다음과 같은 순서로 문제를 해결할 수 있습니다.

1. 주어진 숫자를 찾거나 더 이상 탐색할 요소가 없을 때까지 다음을 반복합니다.

    1.1 배열 요소의 위치를 다음으로 이동합니다.

2. 탐색 결과를 반환합니다.

🔓 문제 해결의 예

|예|| 10개의 요소를 가진 배열에서 51의 위치 찾기

1번째 반복 : x[0]은 23으로 51과 다르므로 다음으로 이동합니다.

23	41	25	87	33	96	26	74	51	84
0	1	2	3	4	5	6	7	8	9

2번째 반복 : x[1]은 41로 51과 다르므로 다음으로 이동합니다.

23	41	25	87	33	96	26	74	51	84
0	1	2	3	4	5	6	7	8	9

3번째 반복 : x[2]는 25로 51과 다르므로 다음으로 이동합니다.

23	41	25	87	33	96	26	74	51	84
0	1	2	3	4	5	6	7	8	9

4번째 반복 : x[3]은 87로 51과 다르므로 다음으로 이동합니다.

23	41	25	87	33	96	26	74	51	84
0	1	2	3	4	5	6	7	8	9

5번째 반복 : x[4]는 33으로 51과 다르므로 다음으로 이동합니다.

23	41	25	87	33	96	26	74	51	84
0	1	2	3	4	5	6	7	8	9

6번째 반복 : x[5]는 96으로 51과 다르므로 다음으로 이동합니다.

23	41	25	87	33	96	26	74	51	84
0	1	2	3	4	5	6	7	8	9

7번째 반복 : x[6]은 26으로 51과 다르므로 다음으로 이동합니다.

23	41	25	87	33	96	26	74	51	84
0	1	2	3	4	5	6	7	8	9

8번째 반복 : x[7]은 74로 51과 다르므로 다음으로 이동합니다.

23	41	25	87	33	96	26	74	51	84
0	1	2	3	4	5	6	7	8	9

9번째 반복 : x[8]의 51이 51과 같으므로 찾고자 하는 요소가 있는 첨자는 8, 위치는 9번째입니다.

23	41	25	87	33	96	26	74	51	84
0	1	2	3	4	5	6	7	8	9

Chapter
5

컴퓨팅 사고로 문제 해결하기

🔓 순서도와 알고리즘 해설(※ 146쪽 주프로그램 참고)

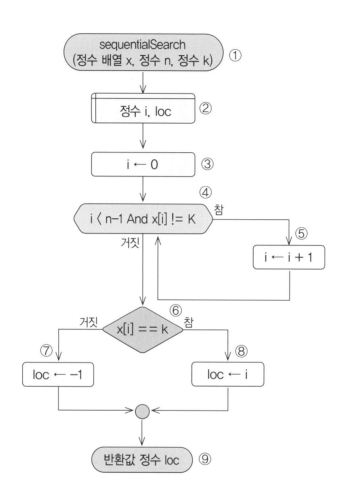

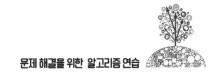

① 함수를 정의합니다.

　– 함수명은 sequentialSearch입니다.

　– 배열 x는 정수들이 저장되어 있는 배열입니다.

　– 변수 n은 배열의 크기를 지정합니다.

　– 변수 k에는 찾고자 하는 숫자가 저장되어 있습니다.

② 이 알고리즘에서 필요한 변수는 다음과 같습니다.

　– 변수 i는 반복을 제어하기 위한 변수입니다.

　– 변수 loc는 찾고자 하는 숫자가 있는 배열의 첨자를 저장합니다.

③ 배열의 위치를 지정하고 반복 횟수를 제어하는 변수를 초기화합니다.

　– 배열의 첫 번째 요소를 가리키고 반복을 시작하기 위하여 0으로 초기화합니다.

④ 반복 조건을 설정합니다.

　– 배열의 끝에 도달하지 못했거나 찾고자 하는 숫자를 찾지 못했다면 계속 반복을 수행합니다.

⑤ 배열의 다음 요소를 가리키고 반복을 계속하기 위하여 변수의 값을 변화시킵니다.

　– 변수 i는 배열의 첨자와 반복 제어의 역할을 동시에 합니다. 따라서 다음 요소를 가리키고 반복을 계속하기 위하여 1만큼 증가시킵니다.

⑥ 반복이 끝난 다음에 찾고자 하는 숫자를 찾은 것인지 아닌지 판단합니다.

　– 찾고자 하는 숫자를 찾아서 반복을 끝낸 것인지 아니면 배열에 찾고자 하는 숫자가 없어서 끝에 도달한 것인지 판단하기 위하여 배열의 현재 요소와 찾고자 하는 숫자를 비교합니다.

⑦ 찾고자 하는 숫자를 찾지 못한 경우로 표시합니다.

　– 배열의 현재 요소와 찾고자 하는 숫자가 같지 않다면 찾지 못한 것이므로 변수 loc에 –1을 저장합니다.

⑧ 찾고자 하는 숫자가 있는 위치를 저장합니다.

　– 배열의 현재 요소와 찾고자 하는 숫자가 같다면 찾은 것이므로 변수 loc에 현재 위치인 변수 i의 값을 저장합니다.

⑨ 탐색 결과를 반환합니다.

　– 변수 loc의 값을 반환합니다.

Chapter
5

📑문제 숫자가 순서대로 저장되어 있는 배열에서 주어진 숫자가 저장된 위치를 출력해 봅시다. (이진 탐색)

🕐 **문제 해결 방법**

배열의 가운데에 있는 숫자와 먼저 비교합니다. 만약 찾고자 하는 숫자가 가운데에 있는 숫자보다 작다면 가운데보다 앞쪽에서 찾고, 가운데에 있는 숫자보다 크다면 가운데보다 뒤쪽에서 찾습니다. 같다면 저장된 위치를 찾은 것이 됩니다. 이와 같은 동작을 반복하다 보면 앞에서부터 차례로 비교하는 것보다 주어진 숫자를 빠르게 찾을 수 있습니다.

※ 관련 알고리즘 : 2개의 숫자를 비교하여 작은 숫자 찾기 (45쪽 참고)

[입력] 숫자들이 정렬되어 저장되어 있는 배열, 찾고자 하는 숫자

[출력] 찾고자 하는 숫자가 있는 배열 요소의 위치

다음의 예를 통해 내용을 이해해 봅시다. 이때, 숫자 23이 주어집니다. 이 배열에서 23은 2번째에 있습니다. (위치는 첨자에 1을 더합니다.)

배열

17	23	26	33	41	51	74	84	87	96

⬇ 주어진 숫자 : 23

17	**23**	26	33	41	51	74	84	87	96
0	1	2	3	4	5	6	7	8	9

다음과 같은 순서로 문제를 해결할 수 있습니다.

1. 찾고자 하는 숫자를 찾거나 더 이상 탐색할 숫자가 없을 때까지 다음을 반복합니다.

　　1.1 만약 찾고자 하는 숫자가 배열의 가운데 요소보다 크다면

　　　　1.1.1 배열에서 가운데보다 뒤쪽을 탐색합니다.

　　1.2 그렇지 않다면

　　　　1.2.1 배열에서 가운데보다 앞쪽을 탐색합니다.

2. 탐색 결과를 반환합니다.

🔓 문제 해결의 예

|예| 10개의 요소를 가진 배열에서 26의 위치 찾기

(※ 여기에서 변수 l은 탐색하고자 하는 구간의 시작 첨자, h는 끝 첨자, m은 가운데를 가리킵니다.)

1번째 반복 : 탐색하고자 하는 구간의 시작 첨자를 저장하고 있는 변수 l의 값이 0, 끝 첨자를 저장하고 있는
변수 h의 값이 9이기 때문에 중간값(m)이 4가 되므로 첨자가 4인 위치의 요소 값인 41을 찾고자 하는 숫자인
26과 비교하면 찾는 데이터는 첨자가 4인 위치보다 앞쪽에 있을 것으로 추정됩니다.

17	23	26	33	**41**	51	74	84	87	96
0	1	2	3	**4**	5	6	7	8	9

2번째 반복 : 찾고자 하는 데이터가 첨자가 4인 곳보다 앞에 있을 것으로 추정되므로 탐색 구간은 변수 l의 값
은 그대로 두고, 변수 h의 값을 가운데인 4보다 1만큼 작은 3으로 정하여 설정할 수 있습니다. 이 구간의 중간
값(m)은 1이 되므로 첨자가 1인 위치의 요소 값인 23을 26과 비교하면 되는데, 비교한 결과 26이 23보다 크므
로 찾고자 하는 데이터는 첨자가 1인 위치보다 뒤쪽에 있을 것으로 추정됩니다.

17	**23**	26	33	41	51	74	84	87	96
0	**1**	2	3	4	5	6	7	8	9

3번째 반복 : 찾고자 하는 데이터가 첨자가 1인 곳보다 뒤쪽에 있을 것으로 추정되므로 탐색 구간은 변수 h의
값은 그대로 두고, 변수 l의 값을 가운데인 1보다 1만큼 큰 2로 정하여 설정할 수 있습니다. 이 구간의 중간값
(m)은 2가 되므로 첨자가 2인 위치의 요소 값인 26과 비교하면 되는데, 비교한 결과 같은 숫자이므로 데이터
를 찾은 것이 됩니다.

17	23	**26**	33	41	51	74	84	87	96
0	1	**2**	3	4	5	6	7	8	9

이진 탐색

Chapter 5

🔓 순서도와 알고리즘 해설(※ 148쪽 주프로그램 참고)

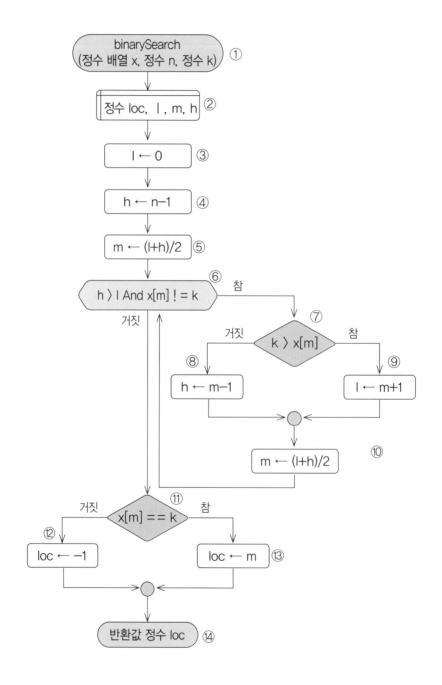

① 함수를 정의합니다.

 – 함수명은 binarySearch입니다. – 배열 x는 숫자들이 순서대로 저장되어 있는 배열입니다.

 – 변수 n은 배열의 크기를 지정합니다. – 변수 k는 찾고자 하는 숫자를 저장합니다.

② 이 알고리즘에서 필요한 변수는 다음과 같습니다.

 – 변수 loc는 찾는 숫자가 있는 배열의 첨자를 저장합니다.

 – 변수 l, m, h은 탐색 구간의 시작 첨자, 가운데, 끝 첨자를 저장하기 위한 변수들입니다.

③ 처음 탐색 구간의 시작 첨자를 초기화합니다.

 – 탐색 구간의 작은 쪽을 가리키는 변수 l에 0을 저장합니다.

④ 처음 탐색 구간의 끝 첨자를 초기화합니다.

 – 탐색 구간의 끝 첨자를 가리키는 변수 h에 n−1을 저장합니다.

⑤ 탐색 구간의 가운데를 계산합니다.

 – 가운데의 첨자를 저장하는 변수 m에 변수 l과 변수 h 값의 중간을 계산하여 저장합니다.

⑥ 반복 조건을 설정합니다.

 – 시작 첨자가 끝 첨자보다 작고, 아직 찾고자 하는 숫자를 찾지 못하였으면 계속 반복합니다.

⑦ 찾고자 하는 숫자와 현재 위치의 숫자를 비교합니다.

 – 찾고자 하는 숫자를 저장하고 있는 변수 k와 탐색 구간의 가운데 요소인 x[m]의 값을 비교합니다.

⑧ 찾고자 하는 숫자가 배열 가운데의 값보다 크지 않다면 탐색 구간을 가운데보다 앞쪽으로 이동합니다.

 – 가운데보다 1만큼 작은 값을 탐색 구간의 끝 첨자를 가리키는 변수 h에 저장하면 탐색 구간이 가운데보다 앞쪽으로 이동합니다.

⑨ 찾고자 하는 숫자가 배열 가운데의 값보다 크다면 탐색 구간을 가운데보다 뒤쪽으로 이동합니다.

 – 가운데보다 1만큼 큰 값을 탐색 구간의 시작 첨자를 가리키는 변수 l에 저장하면 탐색 구간이 가운데보다 뒤쪽으로 이동합니다.

⑩ 새로운 탐색 구간의 가운데 위치를 연산합니다.

 – 시작 첨자(l)와 끝 첨자(h)의 중간을 연산하여 변수 m에 저장합니다.

⑪ 반복이 끝난 후에 찾고자 하는 값을 찾았는지 검사합니다.

 – 현재 위치의 요소 값과 찾고자 하는 값을 비교하여 같으면 찾은 것이고 같지 않다면 배열에 없는 것입니다.

⑫ 찾고자 하는 숫자를 찾지 못한 경우로 표시합니다.

 – 배열의 현재 요소와 찾고자 하는 숫자가 같지 않다면 찾지 못한 것이므로 변수 loc에 −1을 저장합니다.

⑬ 찾고자 하는 숫자가 있는 위치를 저장합니다.

 – 배열의 현재 요소와 찾고자 하는 숫자가 같다면 찾은 것이므로 변수 loc에 현재 위치를 저장합니다.

⑭ 탐색 결과를 반환합니다.

 – 변수 loc의 값을 반환합니다.

Chapter 5

정렬하기-정렬의 개요 및 알고리즘 구조

정렬이란 데이터들을 순서대로 나열하는 것을 말합니다. 순서대로 나열하는 종류에는 오름차순 및 내림차순 정렬이 있습니다. 오름차순 정렬은 작은 것부터 큰 것 순으로 정렬하는 것이고, 내림차순 정렬은 큰 것부터 작은 것 순으로 정렬하는 것을 말합니다. 정렬 방법에는 다양한 방법이 있는데 이 책에서는 기본적인 방법인 선택, 삽입, 버블 정렬 알고리즘에 대하여 소개하겠습니다. 정렬 알고리즘의 전형적인 형태는 [그림 5-4]와 같으며 "Sort" 라고 하는 함수 대신에 다양한 정렬 알고리즘 함수로 대체하면 됩니다.

선택 정렬은 현재 남아있는 데이터들 중에서 가장 작은 데이터를 찾아 차례대로 나열하는 방법입니다. 즉, 현재의 데이터들 중에서 가장 작은 데이터를 찾아 정렬되어 있는 데이터들의 가장 끝에 추가하는 것을 반복하면 모든 데이터들이 순서대로 나열되는 원리입니다. 데이터들 중에서 가장 작은 데이터를 찾는 알고리즘은 '가장 작은 숫자 찾기(※ 79쪽 참고)'에서 설명했으므로 이를 모든 데이터들에 대해서 반복하면 됩니다. 선택 정렬의 개념을 그림으로 표현하면 다음과 같습니다.

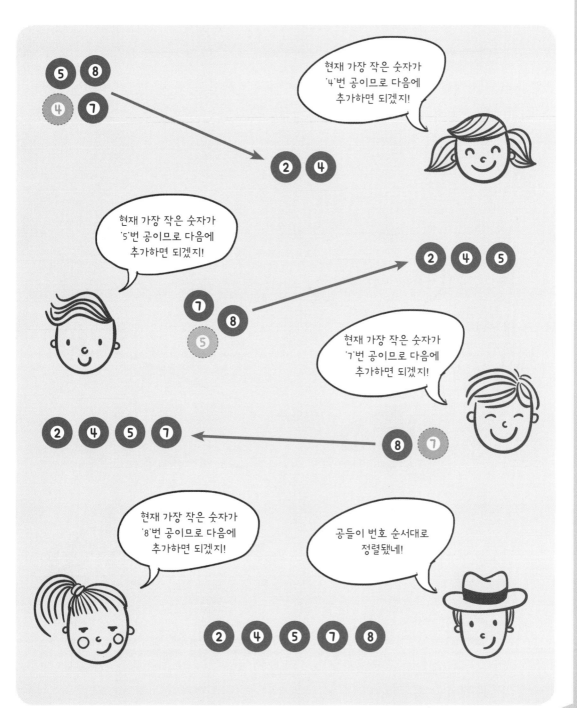

삽입 정렬은 현재 남아있는 데이터들 중에서 하나를 선택하여 정렬되어 있는 데이터들 속에 순서에 맞게 삽입하여 정렬하는 방법입니다. 즉, 현재의 데이터들 중에서 데이터 하나를 선택하여 정렬되어 있는 데이터들 속에 순서에 맞게 삽입하는 것을 반복하면 모든 데이터들이 순서대로 나열되는 원리입니다. 주어진 데이터를 정렬되어 있는 데이터들 속에 삽입하는 알고리즘은 '순서에 맞게 삽입하기(※ 65쪽 참고)'에서 설명했으므로 이를 모든 데이터들에 대해서 반복하면 됩니다. 삽입 정렬의 개념을 그림으로 표현하면 다음과 같습니다.

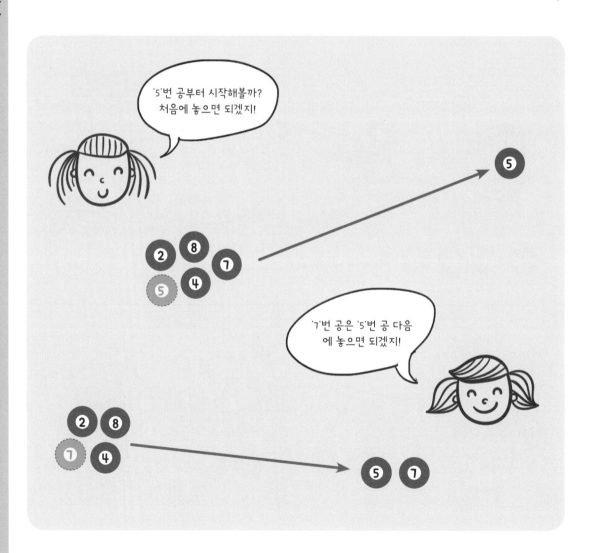

114

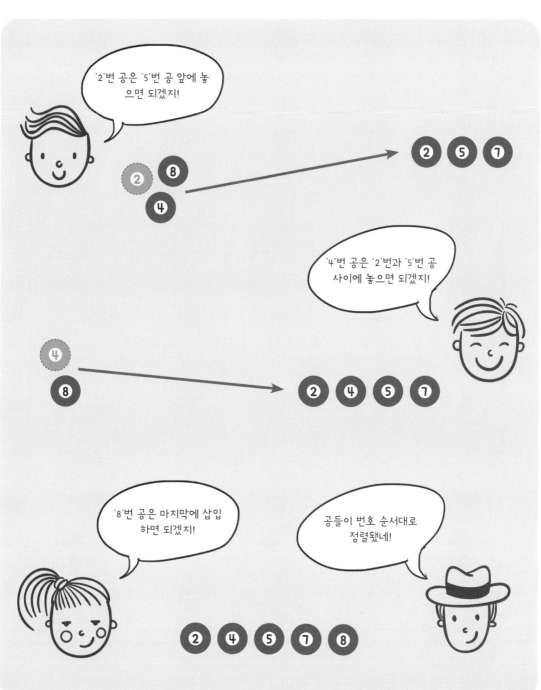

컴퓨터 사고력을 위한 알고리즘&순서도 연습

버블 정렬은 물에 뜨는 힘이 강한 방울일수록 가장 먼저 위로 떠오르게 되는 것처럼 현재 데이터들 중에서 가장 큰 데이터를 위로 띄워(실제 프로그램에서는 마지막으로 보냄) 정렬하는 방법입니다. 즉, 현재의 데이터들 중에서 가장 큰 데이터를 마지막으로 보내는 동작을 반복하면 모든 데이터들이 순서대로 나열되는 원리입니다. 가장 큰 데이터를 마지막으로 보내는 알고리즘은 '가장 큰 숫자를 마지막으로 보내기(※ 82쪽 참고)'에서 설명했으므로 이를 모든 데이터들에 대해서 반복하면 됩니다. 버블 정렬의 개념을 그림으로 표현하면 다음과 같습니다.

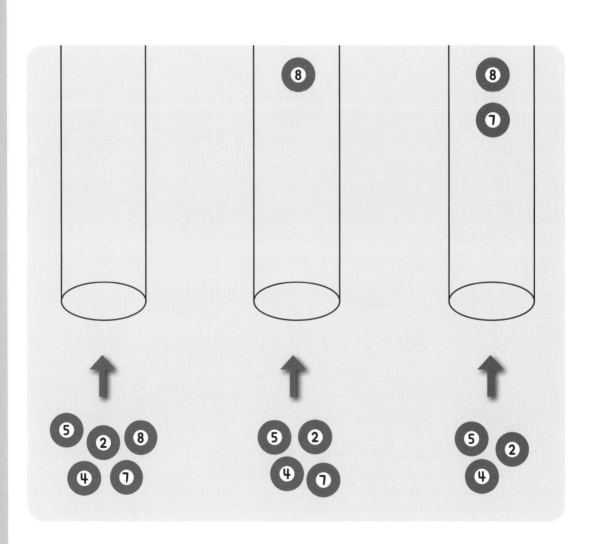

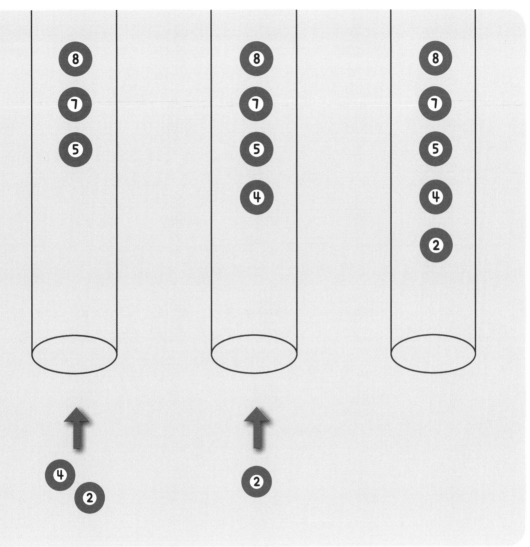

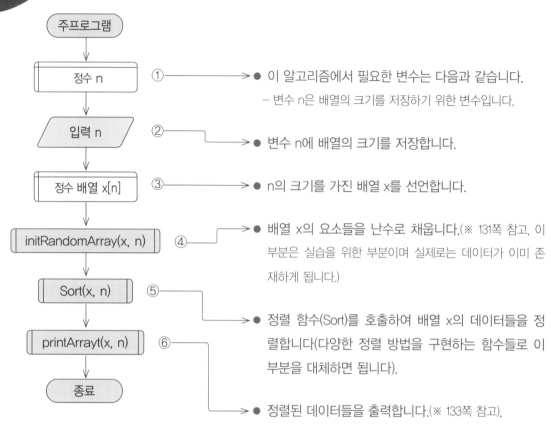

주프로그램

정수 n ①　———→ ● 이 알고리즘에서 필요한 변수는 다음과 같습니다.
　　　　　　　　　　　　– 변수 n은 배열의 크기를 저장하기 위한 변수입니다.

입력 n ②　———→ ● 변수 n에 배열의 크기를 저장합니다.

정수 배열 x[n] ③　———→ ● n의 크기를 가진 배열 x를 선언합니다.

initRandomArray(x, n) ④　———→ ● 배열 x의 요소들을 난수로 채웁니다.(※ 131쪽 참고, 이 부분은 실습을 위한 부분이며 실제로는 데이터가 이미 존재하게 됩니다.)

Sort(x, n) ⑤　———→ ● 정렬 함수(Sort)를 호출하여 배열 x의 데이터들을 정렬합니다(다양한 정렬 방법을 구현하는 함수들로 이 부분을 대체하면 됩니다).

printArrayt(x, n) ⑥

종료　———→ ● 정렬된 데이터들을 출력합니다.(※ 133쪽 참고).

[그림 5-4] 정렬 알고리즘의 전형

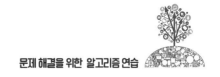

문제 배열에 저장되어 있는 숫자들을 선택 정렬 알고리즘을 사용하여 정렬하여 봅시다. (선택 정렬)

🕐 문제 해결 방법

남아 있는 숫자들 중에서 가장 작은 값을 찾아 정렬되어 있는 배열의 끝에 위치시키는 것을 반복하면 전체를 정렬할 수 있습니다.

> ※ 관련 알고리즘 : 가장 작은 숫자 찾기 (79쪽 참고) / 2개의 숫자를 서로 바꾸기 (26쪽 참고)

[입력] 숫자들이 저장되어 있는 배열

[출력] 숫자들이 정렬되어 저장된 배열

다음의 예를 통해 내용을 이해해 봅시다.

배열

23	41	17	87	33	96	26	74	51	84

⬇

결과

17	23	26	33	41	51	74	84	87	96

다음과 같은 순서로 문제를 해결할 수 있습니다.

1. 남아있는 배열의 크기를 하나씩 줄여 가면서 다음을 반복합니다.

   1.1 가장 작은 숫자를 찾아 정렬되어 있는 배열의 마지막에 위치시킵니다.

Chapter
5

문제 해결의 예

|예| 10개의 요소를 가진 배열-선택 정렬

처음 배열 : 정렬하고자 하는 배열 전체의 범위는 첨자가 0부터 9까지입니다.

| 23 | 41 | 17 | 87 | 33 | 96 | 26 | 74 | 51 | 84 |

1번째 반복 : 첨자가 0부터 9까지인 범위에서 가장 작은 값인 17을 찾아 첨자가 0인 곳의 숫자인 23과 바꿉니다.

| 17 | 41 | 23 | 87 | 33 | 96 | 26 | 74 | 51 | 84 |

2번째 반복 : 첨자가 1부터 9까지인 범위에서 가장 작은 값인 23을 찾아 첨자가 1인 곳의 숫자인 41과 바꿉니다.

| 17 | 23 | 41 | 87 | 33 | 96 | 26 | 74 | 51 | 84 |

3번째 반복 : 첨자가 2부터 9까지인 범위에서 가장 작은 값인 26을 찾아 첨자가 2인 곳의 숫자인 41과 바꿉니다.

| 17 | 23 | 26 | 87 | 33 | 96 | 41 | 74 | 51 | 84 |

4번째 반복 : 첨자가 3부터 9까지인 범위에서 가장 작은 숫자인 33을 찾아 첨자가 3인 곳의 숫자인 87과 바꿉니다.

| 17 | 23 | 26 | 33 | 87 | 96 | 41 | 74 | 51 | 84 |

5번째 반복 : 첨자가 4부터 9까지인 범위에서 가장 작은 숫자인 41을 찾아 첨자가 4인 곳의 숫자인 87과 바꿉니다.

| 17 | 23 | 26 | 33 | 41 | 96 | 87 | 74 | 51 | 84 |

6번째 반복 : 첨자가 5부터 9까지인 범위에서 가장 작은 숫자인 51을 찾아 첨자가 5인 곳의 숫자인 96과 바꿉니다.

| 17 | 23 | 26 | 33 | 41 | 51 | 87 | 74 | 96 | 84 |

7번째 반복 : 첨자가 6부터 9까지인 범위에서 가장 작은 숫자인 74를 찾아 첨자가 6인 곳의 숫자인 87과 바꿉니다.

| 17 | 23 | 26 | 33 | 41 | 51 | 74 | 87 | 96 | 84 |

8번째 반복 : 첨자가 7부터 9까지인 범위에서 가장 작은 숫자인 84를 찾아 첨자가 7인 곳의 숫자인 87과 바꿉니다.

| 17 | 23 | 26 | 33 | 41 | 51 | 74 | 84 | 96 | 87 |

9번째 반복 : 첨자가 8부터 9까지인 범위에서 가장 작은 숫자인 87을 찾아 첨자가 8인 곳의 숫자인 96과 바꿉니다

| 17 | 23 | 26 | 33 | 41 | 51 | 74 | 84 | 87 | 96 |

결과

| 17 | 23 | 26 | 33 | 41 | 51 | 74 | 84 | 87 | 96 |

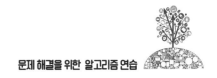

🔓 순서도와 알고리즘 해설(※ 150쪽 주프로그램 참고)

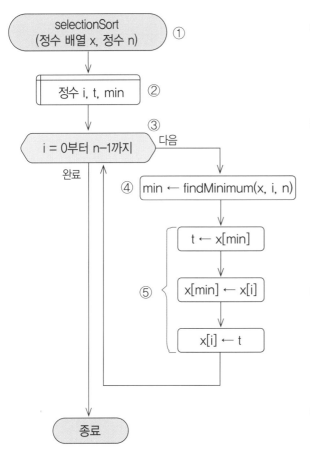

① 함수를 정의합니다.

   – 함수명은 selectionSort입니다.

   – 배열 x에는 정수들이 저장되어 있습니다.

   – 변수 n은 배열의 크기를 지정합니다.

② 이 알고리즘에서 필요한 변수는 다음과 같습니다.

   – 변수 i는 반복을 제어하는데 사용됩니다.

   – 변수 t는 위치를 가리키는 두 숫자를 바꾸는데 필요한 임시 변수입니다.

   – 변수 min은 현재까지 가장 작은 요소의 위치를 저장합니다.

③ 배열의 처음부터 끝까지 반복할 수 있도록 반복 횟수를 설정합니다.

   – 변수 i의 값을 0부터 n−1까지 1씩 증가시키면서 반복합니다. 예를 들어, 변수 n의 값이 10이면 0부터 9까지 10번 반복하게 됩니다.

④ 주어진 배열에서 가장 작은 숫자가 있는 위치를 가져옵니다.

   – i부터 시작하는 배열에서 가장 작은 요소가 저장되어 있는 위치를 가져옵니다(※ 79쪽 참고).

⑤ 현재 위치의 값과 가장 작은 값을 서로 교환합니다.

   (※ 26쪽 참고).

문제 배열에 저장되어 있는 숫자들을 삽입 정렬 알고리즘을 사용하여 정렬하여 봅시다.
(삽입 정렬)

🕐 문제 해결 방법

배열의 요소를 앞에서부터 하나씩 선택하여 현재까지 정렬되어 있는 부분에 순서에 맞
게 삽입하는 동작을 반복하면 전체를 정렬할 수 있습니다.

※ 관련 알고리즘 : 순서에 맞게 삽입하기 (65쪽 참고)

[입력] 숫자들이 저장되어 있는 배열

[출력] 숫자들이 정렬되어 저장된 배열

다음의 예를 통해 내용을 이해해 봅시다.

배열

23	41	17	87	33	96	26	74	51	84

⬇

결과

17	23	26	33	41	51	74	84	87	96

다음과 같은 순서로 문제를 해결할 수 있습니다.

1. 2번째부터 끝까지의 요소에 대하여 차례로 다음을 반복합니다.

　1.1 현재까지 정렬된 배열에 순서에 맞게 요소를 삽입합니다.

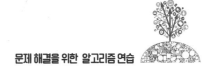

🔓 문제 해결의 예

|예| 10개의 요소를 가진 배열-삽입 정렬

처음 배열

23	41	17	87	33	96	26	74	51	84

1번째 반복 : 2번째 요소를 첨자가 0~1인 구간에 순서에 맞게 삽입합니다.

23	41	17	87	33	96	26	74	51	84

2번째 반복 : 3번째 요소를 첨자가 0~2인 구간에 순서에 맞게 삽입합니다.

17	23	41	87	33	96	26	74	51	84

3번째 반복 : 4번째 요소를 첨자가 0~3인 구간에 순서에 맞게 삽입합니다.

17	23	41	87	33	96	26	74	51	84

4번째 반복 : 5번째 요소를 첨자가 0~4인 구간에 순서에 맞게 삽입합니다.

17	23	33	41	87	96	26	74	51	84

5번째 반복 : 6번째 요소를 첨자가 0~5인 구간에 순서에 맞게 삽입합니다.

17	23	33	41	87	96	26	74	51	84

6번째 반복 : 7번째 요소를 첨자가 0~6인 구간에 순서에 맞게 삽입합니다.

17	23	26	33	41	87	96	74	51	84

7번째 반복 : 8번째 요소를 첨자가 0~7인 구간에 순서에 맞게 삽입합니다.

17	23	26	33	41	74	87	96	51	84

8번째 반복 : 9번째 요소를 첨자가 0~8인 구간에 순서에 맞게 삽입합니다.

17	23	26	33	41	51	74	87	96	84

9번째 반복 : 10번째 요소를 첨자가 0~9인 구간에 순서에 맞게 삽입합니다.

17	23	26	33	41	51	74	84	87	96

결과

17	23	26	33	41	51	74	84	87	96

순서도와 알고리즘 해설(※ 151쪽 주프로그램 참고)

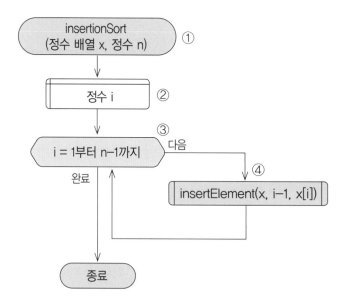

① 함수를 정의합니다.

– 함수명은 insertionSort입니다.

– 배열 x는 정수들이 저장되어 있는 배열입니다.

– 변수 n은 배열의 크기를 지정합니다.

② 알고리즘에서 필요한 변수는 다음과 같습니다.

– 변수 i는 반복을 제어하는데 사용합니다.

③ 배열의 2번째부터 끝까지 반복할 수 있도록 반복 횟수를 설정합니다.

– 변수 i의 값을 1부터 끝($n-1$)까지 1씩 증가시키면서 반복합니다.

– 변수 i의 값을 2번째에 해당하는 1부터 시작하는 이유는 첫 번째인 경우에는 요소가 하나이므로 순서대로 할 필요가 없기 때문입니다.

④ i+1번째 숫자를 순서에 맞게 삽입합니다.

– 첨자가 i인 배열 요소의 값을 지금까지 정렬된 숫자 배열(첨자가 0부터 i-1까지인 배열)에 순서에 맞게 삽입합니다.

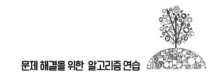

문제 배열에 저장되어 있는 숫자들을 버블 정렬 알고리즘을 사용하여 정렬하여 봅시다. (버블 정렬)

⏱ 문제 해결 방법

가장 큰 숫자를 배열의 마지막으로 보내는 동작을 남아있는 배열의 크기를 하나씩 줄여 가면서 수행하면 전체를 정렬할 수 있습니다.

※ 관련 알고리즘 : 가장 큰 숫자를 마지막으로 보내기 (82쪽 참고)

[입력] 숫자들이 저장되어 있는 배열

[출력] 숫자들이 정렬되어 저장된 배열

다음의 예를 통해 내용을 이해해 봅시다.

배열

23	41	25	87	33	96	26	74	51	84

⬇

결과

23	25	26	33	41	51	74	84	87	96

다음과 같은 순서로 문제를 해결할 수 있습니다.

1. 남아있는 배열의 크기를 하나씩 줄여 가면서 다음을 반복합니다.

    1.1 가장 큰 숫자를 배열의 마지막으로 보냅니다.

🔓 문제 해결의 예

|예| 10개의 요소를 가진 배열-버블 정렬

1번째 반복 : 첨자가 0~9인 범위에서 가장 큰 값인 96을 마지막(첨자 : 9)에 저장합니다.

| 23 | 25 | 41 | 33 | 87 | 26 | 74 | 51 | 84 | 96 |

2번째 반복 : 첨자가 0~8인 범위에서 가장 큰 값인 87을 마지막(첨자 : 8)에 저장합니다.

| 23 | 25 | 33 | 41 | 26 | 74 | 51 | 84 | 87 | 96 |

3번째 반복 : 첨자가 0~7인 범위에서 가장 큰 값인 84를 마지막(첨자 : 7)에 저장합니다.

| 23 | 25 | 33 | 26 | 41 | 51 | 74 | 84 | 87 | 96 |

4번째 반복 : 첨자가 0~6인 범위에서 가장 큰 값인 74를 마지막(첨자 : 6)에 저장합니다.

| 23 | 25 | 26 | 33 | 41 | 51 | 74 | 84 | 87 | 96 |

5번째 반복 : 첨자가 0~5인 범위에서 가장 큰 값인 51을 마지막(첨자 : 5)에 저장합니다.

| 23 | 25 | 26 | 33 | 41 | 51 | 74 | 84 | 87 | 96 |

6번째 반복 : 첨자가 0~4인 범위에서 가장 큰 값인 41을 마지막(첨자 : 4)에 저장합니다.

| 23 | 25 | 26 | 33 | 41 | 51 | 74 | 84 | 87 | 96 |

7번째 반복 : 첨자가 0~3인 범위에서 가장 큰 값인 33을 마지막(첨자 : 3)에 저장합니다.

| 23 | 25 | 26 | 33 | 41 | 51 | 74 | 84 | 87 | 96 |

8번째 반복 : 첨자가 0~2인 범위에서 가장 큰 값인 26을 마지막(첨자 : 2)에 저장합니다.

| 23 | 25 | 26 | 33 | 41 | 51 | 74 | 84 | 87 | 96 |

9번째 반복 : 첨자가 0~1인 범위에서 가장 큰 값인 25를 마지막(첨자 : 1)에 저장합니다.

| 23 | 25 | 26 | 33 | 41 | 51 | 74 | 84 | 87 | 96 |

결과

| 23 | 25 | 26 | 33 | 41 | 51 | 74 | 84 | 87 | 96 |

🔓 순서도와 알고리즘 해설(※ 152쪽 주프로그램 참고)

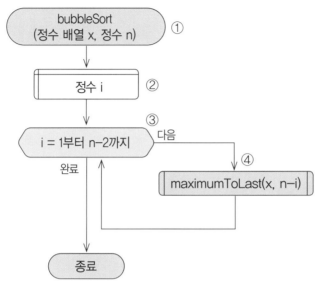

① 함수를 정의합니다.

　– 함수명은 bubbleSort입니다.

　– 배열 x는 정수들이 저장되어 있는 배열입니다.

　– 변수 n은 배열의 크기를 지정합니다.

② 이 알고리즘에서 필요한 변수는 다음과 같습니다.

　– 변수 i는 반복을 제어하는데 사용합니다.

③ 배열의 처음부터 마지막의 하나 이전까지 반복할 수 있도록 반복 횟수를 설정합니다.

　– 변수 i의 값을 0부터 n–2까지 1씩 증가시키면서 반복합니다. 예를 들어, 변수 n의 값이 10이면 0부터 8까지 9번

　　반복하게 됩니다.

　– 반복을 마지막까지 하지 않는 이유는 다음 요소와 비교해야 하는데 마지막 요소의 다음 요소는 없기 때문입니

　　다.

④ 주어진 배열에서 가장 큰 숫자를 배열의 마지막으로 보냅니다.(※ 82쪽 참고)

　– 크기가 (n–i)인 배열에 대하여 가장 큰 값을 마지막으로 보냅니다.

　– 변수 i의 값이 0인 경우에 n–i는 10(10–0)이 되고, 변수 i의 값이 1이 되면 9(10–1)가 되어 처리되는 배열의 크기

　　가 1씩 줄어들게 됩니다.

부록

배열 관련 함수

initZeroArray

|개요|

주어진 배열의 요소를 모두 0으로 채우는 함수입니다.

순서도

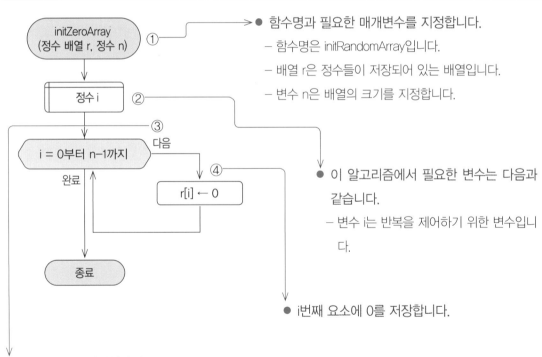

```
initZeroArray
(정수 배열 r, 정수 n)     ①

        ↓

      정수 i              ②

        ↓
                   ③        다음
  i = 0부터 n−1까지  ───────┐
                           ↓  ④
        완료              r[i] ← 0

        ↓

       종료
```

● 함수명과 필요한 매개변수를 지정합니다.

  – 함수명은 initRandomArray입니다.

  – 배열 r은 정수들이 저장되어 있는 배열입니다.

  – 변수 n은 배열의 크기를 지정합니다.

● 이 알고리즘에서 필요한 변수는 다음과
  같습니다.

  – 변수 i는 반복을 제어하기 위한 변수입니
   다.

● i번째 요소에 0를 저장합니다.

● 반복 횟수를 설정합니다.

  – 변수 i의 값을 0부터 n−1까지 1씩 증가시
   키면서 반복합니다. 즉, n번 반복합니다.

initRandomArray

|개요|

주어진 배열의 요소를 난수로 채우는 함수입니다. 순차 탐색이나 정렬을 위한 초기 데이터를 가진 배열을 만들 때 사용됩니다.

순서도

initRandomArray (정수 배열 x, 정수 n) ①

정수 i ②

i = 0부터 n−1까지 ③ 다음

완료

x[i] ← Random(90) + 10 ④

printArray(x, n) ⑤

종료

● 함수명과 필요한 매개변수를 지정합니다.
  – 함수명은 initRandomArray입니다.
  – 배열 x는 정수들이 저장되어 있는 배열입니다.
  – 변수 n은 배열의 크기를 지정합니다.

● 이 알고리즘에서 필요한 변수는 다음과 같습니다.
  – 변수 i는 반복을 제어하기 위한 변수입니다.

● i번째 요소에 난수를 저장합니다.
  – Flowgorithm에서의 Random 함수는 0부터 n−1까지의 난수를 생성합니다.
  – 따라서 Random(90) + 10은 10부터 99까지의 난수를 생성합니다.

● 배열을 출력합니다.
  – 함수 "printArray"를 호출하여 크기가 n인 정수형 요소들을 출력합니다(※ 133쪽 참고).
  – 결과는 아니지만 결과를 검증하기 위하여 원래의 데이터를 출력해야 할 때 사용됩니다.

● 반복 횟수를 설정합니다.
  – 변수 i의 값을 0부터 n−1까지 1씩 증가시키면서 반복합니다. 즉, n번 반복합니다.

initSortedArray

|개요|

주어진 배열의 요소를 오름차순으로 정렬된 난수로 채우는 함수입니다. 순서에 맞게 삽입하는 문제나 이진 탐색을 위한 초기 데이터를 가진 배열을 만들 때 사용됩니다.

순서도

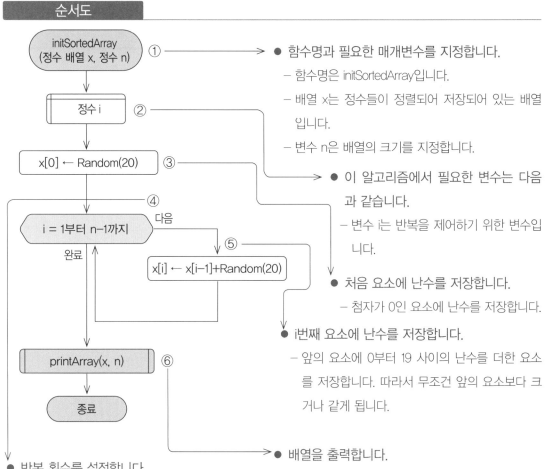

① ● 함수명과 필요한 매개변수를 지정합니다.
  – 함수명은 initSortedArray입니다.
  – 배열 x는 정수들이 정렬되어 저장되어 있는 배열입니다.
  – 변수 n은 배열의 크기를 지정합니다.

② ● 이 알고리즘에서 필요한 변수는 다음과 같습니다.
  – 변수 i는 반복을 제어하기 위한 변수입니다.

③ ● 처음 요소에 난수를 저장합니다.
  – 첨자가 0인 요소에 난수를 저장합니다.

⑤ ● i번째 요소에 난수를 저장합니다.
  – 앞의 요소에 0부터 19 사이의 난수를 더한 요소를 저장합니다. 따라서 무조건 앞의 요소보다 크거나 같게 됩니다.

④ ● 반복 횟수를 설정합니다.
  – 변수 i의 값을 1부터 n−1까지 변화시키면서 반복합니다. 처음 요소는 앞에서 난수를 저장했으므로 제외하고 n−1번 반복합니다.

⑥ ● 배열을 출력합니다.
  – 함수 "printArray"를 호출해 크기가 n인 정수형 요소들을 정렬된 상태로 출력합니다(※ 133쪽 참고).
  – 결과는 아니지만 결과를 검증하기 위하여 원래의 데이터를 출력해야 할 때 사용합니다.

printArray

|개요|

배열의 요소들을 사람들이 편하게 볼 수 있는 형태로 출력합니다. 즉, 요소들 사이에 "," 를 삽입하여 분리함으로써 요소들을 쉽게 읽을 수 있게 표시합니다.

순서도

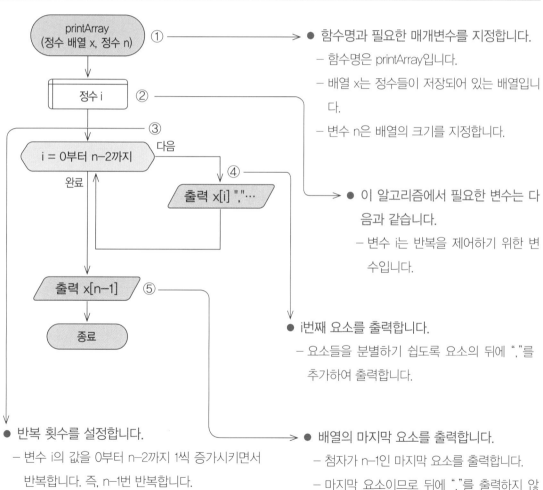

printArray
(정수 배열 x, 정수 n) ①

정수 i ②

③ i = 0부터 n−2까지 / 다음

완료

④ 출력 x[i] "," …

출력 x[n−1] ⑤

종료

- 함수명과 필요한 매개변수를 지정합니다.
  - 함수명은 printArray입니다.
  - 배열 x는 정수들이 저장되어 있는 배열입니다.
  - 변수 n은 배열의 크기를 지정합니다.

- 이 알고리즘에서 필요한 변수는 다음과 같습니다.
  - 변수 i는 반복을 제어하기 위한 변수입니다.

- i번째 요소를 출력합니다.
  - 요소들을 분별하기 쉽도록 요소의 뒤에 "," 를 추가하여 출력합니다.

- 반복 횟수를 설정합니다.
  - 변수 i의 값을 0부터 n−2까지 1씩 증가시키면서 반복합니다. 즉, n−1번 반복합니다.

- 배열의 마지막 요소를 출력합니다.
  - 첨자가 n−1인 마지막 요소를 출력합니다.
  - 마지막 요소이므로 뒤에 "," 를 삽입하지 않습니다.

함수를 호출하는 주프로그램

n개의 데이터 합 구하기

|개요|

「Chap 4. 반복하여 실행하기」의 문제 중 〈n개의 데이터 합 구하기(※ 64쪽 참고)〉의 함수 "sumOfArray"를 호출하는 주프로그램입니다.

순서도

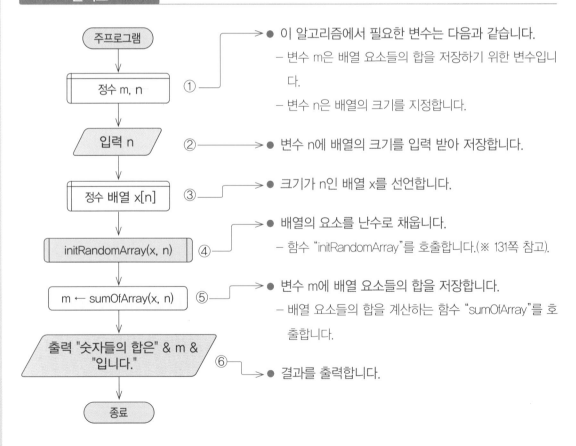

주프로그램

정수 m, n
① ● 이 알고리즘에서 필요한 변수는 다음과 같습니다.
  – 변수 m은 배열 요소들의 합을 저장하기 위한 변수입니다.
  – 변수 n은 배열의 크기를 지정합니다.

입력 n
② ● 변수 n에 배열의 크기를 입력 받아 저장합니다.

정수 배열 x[n]
③ ● 크기가 n인 배열 x를 선언합니다.

initRandomArray(x, n)
④ ● 배열의 요소를 난수로 채웁니다.
  – 함수 "initRandomArray"를 호출합니다.(※ 131쪽 참고).

m ← sumOfArray(x, n)
⑤ ● 변수 m에 배열 요소들의 합을 저장합니다.
  – 배열 요소들의 합을 계산하는 함수 "sumOfArray"를 호출합니다.

출력 "숫자들의 합은" & m & "입니다."
⑥ ● 결과를 출력합니다.

종료

순서에 맞게 삽입하기

|개요|

「Chap 4. 반복하여 실행하기」의 문제 중 〈순서에 맞게 삽입하기(※ 67쪽 참고)〉의 함수 "insertElement"
를 호출하는 주프로그램입니다.

순서도

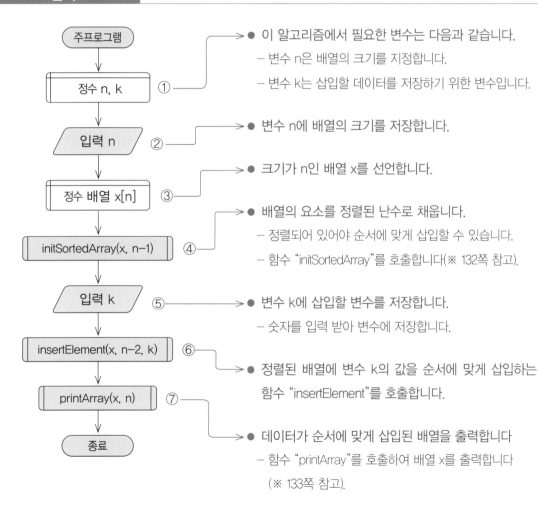

주프로그램

정수 n, k ①
● 이 알고리즘에서 필요한 변수는 다음과 같습니다.
  – 변수 n은 배열의 크기를 지정합니다.
  – 변수 k는 삽입할 데이터를 저장하기 위한 변수입니다.

입력 n ②
● 변수 n에 배열의 크기를 저장합니다.

정수 배열 x[n] ③
● 크기가 n인 배열 x를 선언합니다.

initSortedArray(x, n−1) ④
● 배열의 요소를 정렬된 난수로 채웁니다.
  – 정렬되어 있어야 순서에 맞게 삽입할 수 있습니다.
  – 함수 "initSortedArray"를 호출합니다(※ 132쪽 참고).

입력 k ⑤
● 변수 k에 삽입할 변수를 저장합니다.
  – 숫자를 입력 받아 변수에 저장합니다.

insertElement(x, n−2, k) ⑥
● 정렬된 배열에 변수 k의 값을 순서에 맞게 삽입하는
  함수 "insertElement"를 호출합니다.

printArray(x, n) ⑦
● 데이터가 순서에 맞게 삽입된 배열을 출력합니다
  – 함수 "printArray"를 호출하여 배열 x를 출력합니다
    (※ 133쪽 참고).

종료

n까지의 합 구하기

|개요|

「Chap 4. 반복하여 실행하기」의 문제 중 〈n까지의 합 구하기(※ 69쪽 참고)〉의 함수 "sumOfNumbers"를 호출하는 주프로그램입니다.

순서도

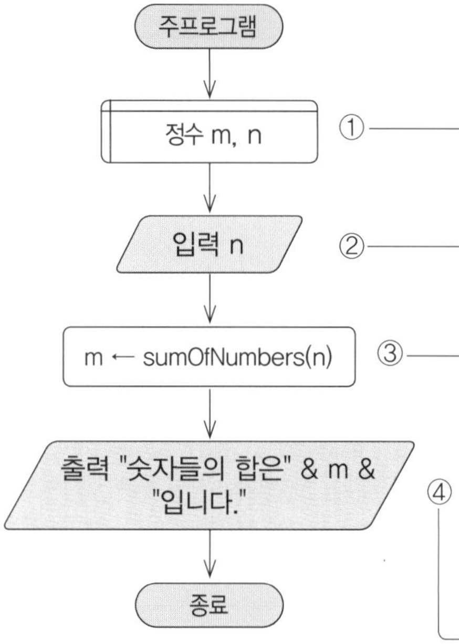

주프로그램

정수 m, n   ① ● 이 알고리즘에서 필요한 변수는 다음과 같습니다.
  – 변수 m은 정수들의 합을 저장하기 위한 변수입니다.
  – 변수 n은 1부터 더하고자 하는 마지막 수입니다.

입력 n   ②
  ● 변수 n에 정수를 입력 받아 저장합니다.

m ← sumOfNumbers(n)   ③
  ● 1부터 n까지의 정수들의 합을 구합니다.
  – 함수 "sumOfNumbers"를 호출하여 정수들의 합을 구해 변수 m에 저장합니다.

출력 "숫자들의 합은" & m & "입니다."   ④
  ● 결과를 출력합니다.

종료

n까지의 피보나치 수열 구하기

|개요|

「Chap 4. 반복하여 실행하기」의 문제 중 〈n까지의 피보나치 수열 구하기(※ 72쪽 참고)〉의 함수 "fibonacci"를 호출하는 주프로그램입니다.

순서도

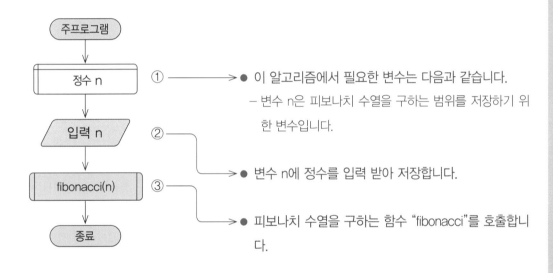

피보나치 수열을 구하는 함수 "fibonacci"를 호출합니다.

부록

주어진 숫자의 배수 표시하기

|개요|

「Chap 4. 반복하여 실행하기」의 문제 중 〈주어진 숫자의 배수 표시하기(※ 75쪽 참고)〉의 함수 "markMultiple"을 호출하는 주프로그램입니다.

순서도

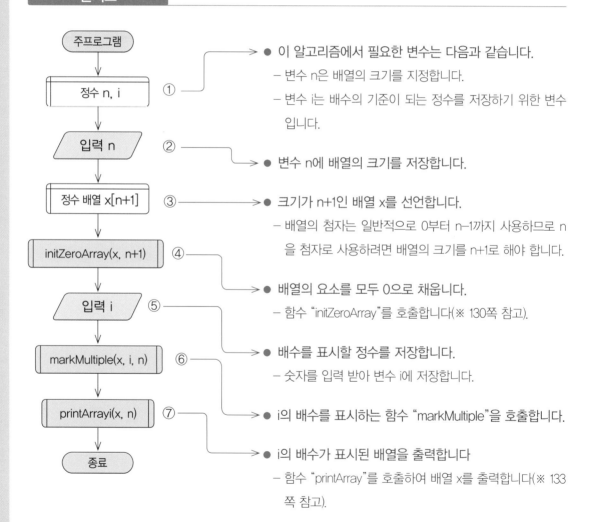

● 이 알고리즘에서 필요한 변수는 다음과 같습니다.
  – 변수 n은 배열의 크기를 지정합니다.
  – 변수 i는 배수의 기준이 되는 정수를 저장하기 위한 변수 입니다.

● 변수 n에 배열의 크기를 저장합니다.

● 크기가 n+1인 배열 x를 선언합니다.
  – 배열의 첨자는 일반적으로 0부터 n–1까지 사용하므로 n 을 첨자로 사용하려면 배열의 크기를 n+1로 해야 합니다.

● 배열의 요소를 모두 0으로 채웁니다.
  – 함수 "initZeroArray"를 호출합니다(※ 130쪽 참고).

● 배수를 표시할 정수를 저장합니다.
  – 숫자를 입력 받아 변수 i에 저장합니다.

● i의 배수를 표시하는 함수 "markMultiple"을 호출합니다.

● i의 배수가 표시된 배열을 출력합니다
  – 함수 "printArray"를 호출하여 배열 x를 출력합니다(※ 133 쪽 참고).

주어진 숫자보다 작거나 같은 숫자 표시하기

|개요|

「Chap 4. 반복하여 실행하기」의 문제 중 〈주어진 숫자보다 작거나 같은 숫자 표시하기(※ 78쪽 참고)〉의
함수 "compareElement"를 호출하는 주프로그램입니다.

순서도

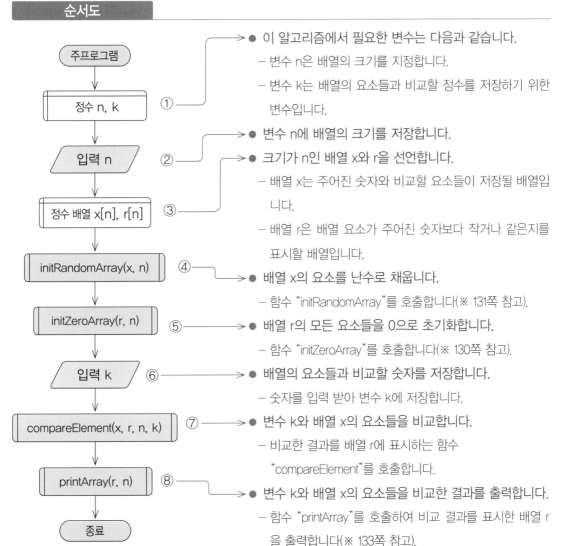

● 이 알고리즘에서 필요한 변수는 다음과 같습니다.
  – 변수 n은 배열의 크기를 지정합니다.
  – 변수 k는 배열의 요소들과 비교할 정수를 저장하기 위한 변수입니다.

● 변수 n에 배열의 크기를 저장합니다.

● 크기가 n인 배열 x와 r을 선언합니다.
  – 배열 x는 주어진 숫자와 비교할 요소들이 저장될 배열입니다.
  – 배열 r은 배열 요소가 주어진 숫자보다 작거나 같은지를 표시할 배열입니다.

● 배열 x의 요소를 난수로 채웁니다.
  – 함수 "initRandomArray"를 호출합니다(※ 131쪽 참고).

● 배열 r의 모든 요소들을 0으로 초기화합니다.
  – 함수 "initZeroArray"를 호출합니다(※ 130쪽 참고).

● 배열의 요소들과 비교할 숫자를 저장합니다.
  – 숫자를 입력 받아 변수 k에 저장합니다.

● 변수 k와 배열 x의 요소들을 비교합니다.
  – 비교한 결과를 배열 r에 표시하는 함수 "compareElement"를 호출합니다.

● 변수 k와 배열 x의 요소들을 비교한 결과를 출력합니다.
  – 함수 "printArray"를 호출하여 비교 결과를 표시한 배열 r 을 출력합니다(※ 133쪽 참고).

가장 작은 숫자 찾기

|개요|

「Chap 4. 반복하여 실행하기」의 문제 중 〈가장 작은 숫자 찾기(※ 81쪽 참고)〉의 함수 "findMinimum"을 호출하는 주프로그램입니다.

순서도

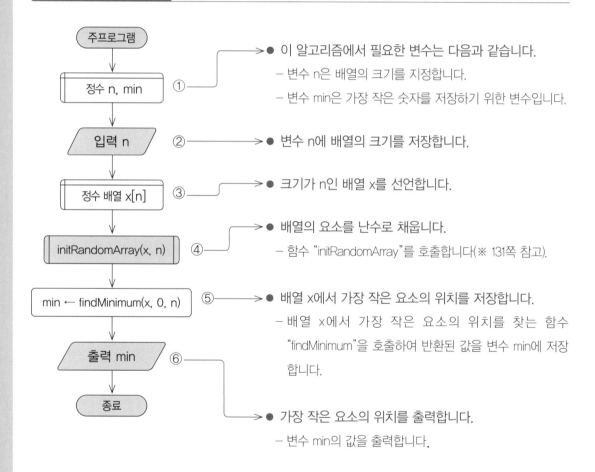

주프로그램

정수 n, min　①
● 이 알고리즘에서 필요한 변수는 다음과 같습니다.
– 변수 n은 배열의 크기를 지정합니다.
– 변수 min은 가장 작은 숫자를 저장하기 위한 변수입니다.

입력 n　②
● 변수 n에 배열의 크기를 저장합니다.

정수 배열 x[n]　③
● 크기가 n인 배열 x를 선언합니다.

initRandomArray(x, n)　④
● 배열의 요소를 난수로 채웁니다.
– 함수 "initRandomArray"를 호출합니다(※ 131쪽 참고).

min ← findMinimum(x, 0, n)　⑤
● 배열 x에서 가장 작은 요소의 위치를 저장합니다.
– 배열 x에서 가장 작은 요소의 위치를 찾는 함수 "findMinimum"을 호출하여 반환된 값을 변수 min에 저장합니다.

출력 min　⑥
● 가장 작은 요소의 위치를 출력합니다.
– 변수 min의 값을 출력합니다.

종료

가장 큰 숫자를 마지막으로 보내기

|개요|

「Chap 4. 반복하여 실행하기」의 문제 중 〈가장 큰 숫자를 마지막으로 보내기(※ 84쪽 참고)〉의 함수 "maximumToLast"를 호출하는 주프로그램입니다.

순서도

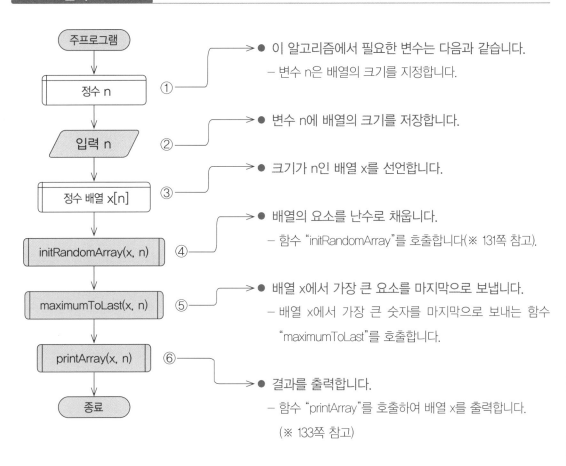

● 이 알고리즘에서 필요한 변수는 다음과 같습니다.
  – 변수 n은 배열의 크기를 지정합니다.

● 변수 n에 배열의 크기를 저장합니다.

● 크기가 n인 배열 x를 선언합니다.

● 배열의 요소를 난수로 채웁니다.
  – 함수 "initRandomArray"를 호출합니다(※ 131쪽 참고).

● 배열 x에서 가장 큰 요소를 마지막으로 보냅니다.
  – 배열 x에서 가장 큰 숫자를 마지막으로 보내는 함수 "maximumToLast"를 호출합니다.

● 결과를 출력합니다.
  – 함수 "printArray"를 호출하여 배열 x를 출력합니다.
    (※ 133쪽 참고)

① 정수 n

② 입력 n

③ 정수 배열 x[n]

④ initRandomArray(x, n)

⑤ maximumToLast(x, n)

⑥ printArray(x, n)

주프로그램

종료

최대공약수 구하기

|개요|

「Chap 5. 컴퓨팅 사고로 문제 해결하기」의 문제 중 〈최대공약수 구하기(※ 92쪽 참고)〉의 함수 "euclideanGCD"를 호출하는 주프로그램입니다.

순서도

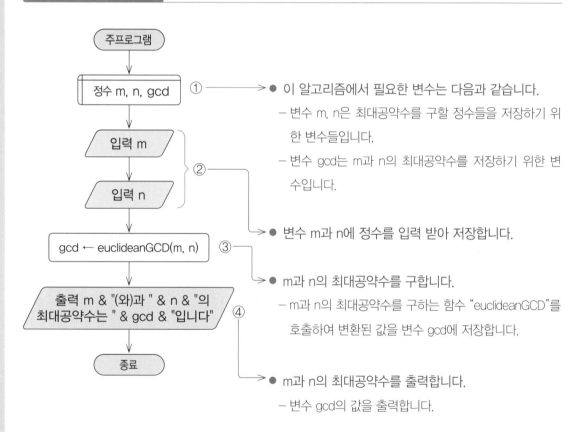

● 이 알고리즘에서 필요한 변수는 다음과 같습니다.
  – 변수 m, n은 최대공약수를 구할 정수들을 저장하기 위한 변수들입니다.
  – 변수 gcd는 m과 n의 최대공약수를 저장하기 위한 변수입니다.

● 변수 m과 n에 정수를 입력 받아 저장합니다.

● m과 n의 최대공약수를 구합니다.
  – m과 n의 최대공약수를 구하는 함수 "euclideanGCD"를 호출하여 변환된 값을 변수 gcd에 저장합니다.

● m과 n의 최대공약수를 출력합니다.
  – 변수 gcd의 값을 출력합니다.

소수 구하기

|개요|

「Chap 5. 컴퓨팅 사고로 문제 해결하기」의 문제 중 〈소수 구하기(※ 95쪽 참고)〉의 함수
"sieveOfEratosthenes"를 호출하는 주프로그램입니다.

순서도

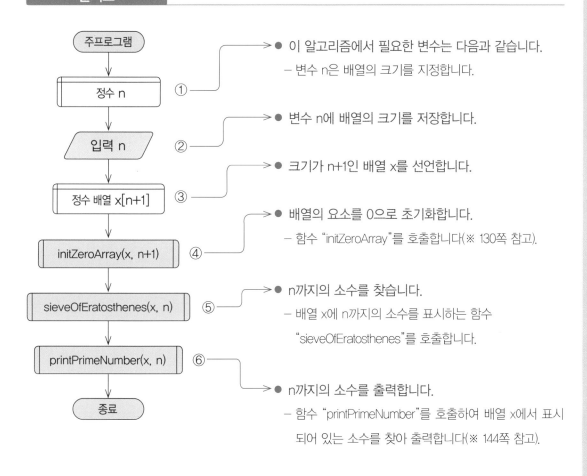

① ● 이 알고리즘에서 필요한 변수는 다음과 같습니다.
　　– 변수 n은 배열의 크기를 지정합니다.

② ● 변수 n에 배열의 크기를 저장합니다.

③ ● 크기가 n+1인 배열 x를 선언합니다.

④ ● 배열의 요소를 0으로 초기화합니다.
　　– 함수 "initZeroArray"를 호출합니다(※ 130쪽 참고).

⑤ ● n까지의 소수를 찾습니다.
　　– 배열 x에 n까지의 소수를 표시하는 함수
　　　"sieveOfEratosthenes"를 호출합니다.

⑥ ● n까지의 소수를 출력합니다.
　　– 함수 "printPrimeNumber"를 호출하여 배열 x에서 표시
　　　되어 있는 소수를 찾아 출력합니다(※ 144쪽 참고).

주프로그램 → 정수 n → 입력 n → 정수 배열 x[n+1] → initZeroArray(x, n+1) → sieveOfEratosthenes(x, n) → printPrimeNumber(x, n) → 종료

|개요|

「Chap 5. 컴퓨팅 사고로 문제 해결하기」의 문제 중 〈소수 구하기(※ 95쪽 참고)〉의 배열 x에 표시되어 있는 소수를 출력하는 함수 "printPrimeNumber"입니다.

순서도

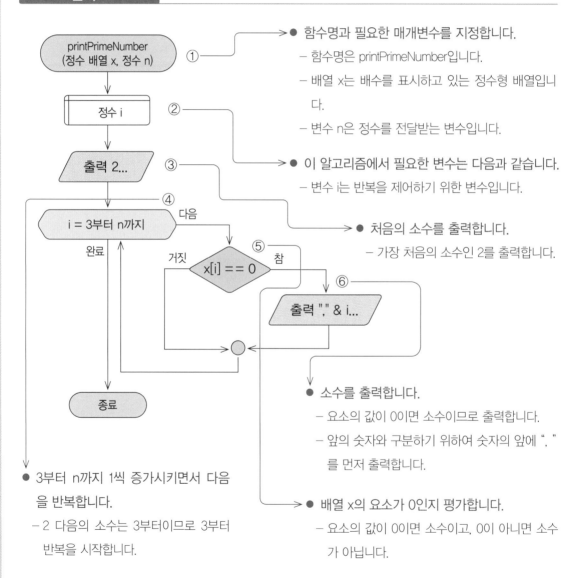

① 함수명과 필요한 매개변수를 지정합니다.
  – 함수명은 printPrimeNumber입니다.
  – 배열 x는 배수를 표시하고 있는 정수형 배열입니다.
  – 변수 n은 정수를 전달받는 변수입니다.

② 이 알고리즘에서 필요한 변수는 다음과 같습니다.
  – 변수 i는 반복을 제어하기 위한 변수입니다.

③ 처음의 소수를 출력합니다.
  – 가장 처음의 소수인 2를 출력합니다.

소수를 출력합니다.
  – 요소의 값이 0이면 소수이므로 출력합니다.
  – 앞의 숫자와 구분하기 위하여 숫자의 앞에 ", "를 먼저 출력합니다.

배열 x의 요소가 0인지 평가합니다.
  – 요소의 값이 0이면 소수이고, 0이 아니면 소수가 아닙니다.

3부터 n까지 1씩 증가시키면서 다음을 반복합니다.
  – 2 다음의 소수는 3부터이므로 3부터 반복을 시작합니다.

순위 구하기

|개요|

「Chap 5. 컴퓨팅 사고로 문제 해결하기」의 문제 중 〈순위 구하기(※ 98쪽 참고)〉의 함수 "ranking"을 호출하는 주프로그램입니다.

순서도

```
주프로그램
   │
   ▼
┌─────────────┐
│   정수 n     │ ①
└─────────────┘
   │
   ▼
 입력 n        ②
   │
   ▼
┌─────────────┐
│ 정수 배열 x[n], r[n] │ ③
└─────────────┘
   │
   ▼
┌─────────────────┐
│ initRandomArray(x, n) │ ④
└─────────────────┘
   │
   ▼
┌─────────────────┐
│ initZeroArray(r, n) │ ⑤
└─────────────────┘
   │
   ▼
┌─────────────────┐
│  ranking(x, r, n)  │ ⑥
└─────────────────┘
   │
   ▼
┌─────────────────┐
│  printArray ( r, n ) │ ⑦
└─────────────────┘
   │
   ▼
 종료
```

● 이 알고리즘에서 필요한 변수는 다음과 같습니다.
  – 변수 n은 배열의 크기를 지정합니다.

● 변수 n에 배열의 크기를 저장합니다.

● 크기가 n인 배열 x와 r을 선언합니다.

● 배열 x의 요소를 난수로 채웁니다.
  – 함수 "initRandomArray"를 호출합니다(※ 131쪽 참고).

● 배열 r의 요소를 0으로 초기화합니다.
  – 함수 "initZeroArray"를 호출합니다(※ 130쪽 참고).

● 배열 x의 각 요소의 순위를 찾습니다.
  – 배열 x의 각 요소의 순위를 배열 r에 대응하는 위치에 저장하는 함수 "ranking"을 호출합니다.

● 순위를 출력합니다.
  – 함수 "printArray"를 호출하여 순위를 저장하고 있는 배열 r을 출력합니다(※ 133쪽 참고).

부록

순차 탐색

|개요|

「Chap 5. 컴퓨팅 사고로 문제 해결하기」의 문제 중 〈순차 탐색(※ 106쪽 참고)〉의 함수 "sequentialSearch"를 호출하는 주프로그램입니다.

순서도

주프로그램

정수 m, n, k ①

입력 n ②

정수 배열 x[n] ③

initRandomArray(x, n) ④

입력 k ⑤

m ← sequentialSearch(x, n, k) ⑥

⑦ m >= 0

● 만약 변수 m의 값이 0보다 작으면 찾지 못한 것이므로 배열에 없다고 출력합니다.

거짓 / 참

⑧ 출력 k & "(은)는 배열에 없습니다"

⑨ 출력 k & "(은)는 " & (m+1) & "번째 있습니다"

종료

● 이 알고리즘에서 필요한 변수는 다음과 같습니다.
  – 변수 m은 탐색하여 찾은 위치를 저장하기 위한 변수입니다.
  – 변수 n은 배열의 크기를 지정하기 위한 변수입니다.
  – 변수 k는 찾고자 하는 숫자를 저장하기 위한 변수입니다.

● 변수 n에 배열의 크기를 저장합니다.

● n의 크기를 가진 배열 x를 선언합니다.

● 배열 x의 요소들을 난수로 채웁니다.
  – 함수 "initRandomArray"를 호출합니다(※ 131쪽 참고).

● 찾고자 하는 숫자를 입력 받아 변수 k에 저장합니다.

● 순차 탐색을 하여 탐색한 결과를 변수 m에 저장합니다.
  – 순차 탐색을 위한 함수 "sequentialSearch"를 호출합니다.

● 탐색 결과인 변수 m의 값이 0보다 크거나 같은지 비교합니다.

● 만약 변수 m의 값이 0보다 크거나 같다면 찾은 것이므로 위치를 출력합니다.
  – 첨자는 0부터 시작하고 위치는 첨자보다 1만큼 더 크기 때문에 변수 m의 값에 1을 더한 값을 출력합니다.

이진 탐색

|개요|

「Chap 5. 컴퓨팅 사고로 문제 해결하기」의 문제 중 〈이진 탐색(※ 110쪽 참고)〉의 함수 "binarySearch"를 호출하는 주프로그램입니다.

순서도

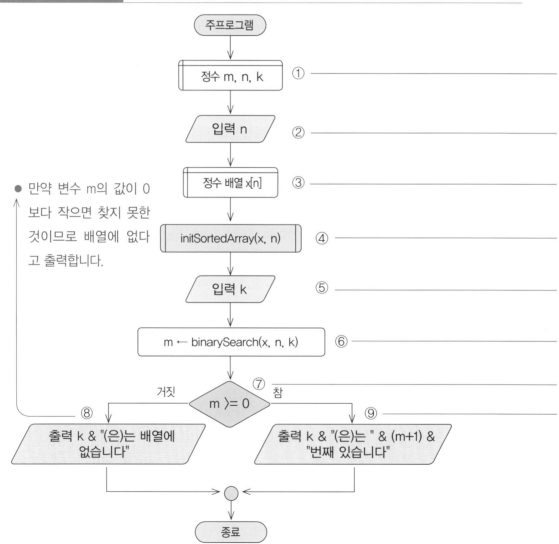

● 만약 변수 m의 값이 0 보다 작으면 찾지 못한 것이므로 배열에 없다 고 출력합니다.

● 이 알고리즘에서 필요한 변수는 다음과 같습니다.
  – 변수 m은 탐색하여 찾은 위치를 저장하기 위한 변수입니다.
  – 변수 n은 배열의 크기를 지정하기 위한 변수입니다.
  – 변수 k는 찾고자 하는 숫자를 저장하기 위한 변수입니다.

● 변수 n에 배열의 크기를 저장합니다.

● n의 크기를 가진 배열 x를 선언합니다.

● 배열 x의 요소들을 난수로 채웁니다.
  – 이진 탐색을 하기 위해서는 숫자들이 정렬되어 있어야 합니다.
  – 함수 "initSortedArray"를 호출합니다(※ 132쪽 참고).

● 찾고자 하는 숫자를 입력 받아 변수 k에 저장합니다.

● 이진 탐색을 하여 탐색한 결과를 변수 m에 저장합니다.
  – 이진 탐색을 위한 함수 "binarySearch"를 호출합니다.

● 탐색 결과인 변수 m의 값이 0보다 크거나 같은지 비교합니다.

● 만약 변수 m의 값이 0보다 크거나 같다면 찾은 것이므로 위치를 출력합니다.
  – 첨자는 0부터 시작하고 위치는 첨자보다 1만큼 더 크기 때문에 변수 m의 값에 1을 더한 값을 출력합니다.

선택 정렬

|개요|

「Chap 5. 컴퓨팅 사고로 문제 해결하기」의 문제 중 〈선택 정렬(※ 121쪽 참고)〉의 함수 "selectionSort"를 호출하는 주프로그램입니다.

순서도

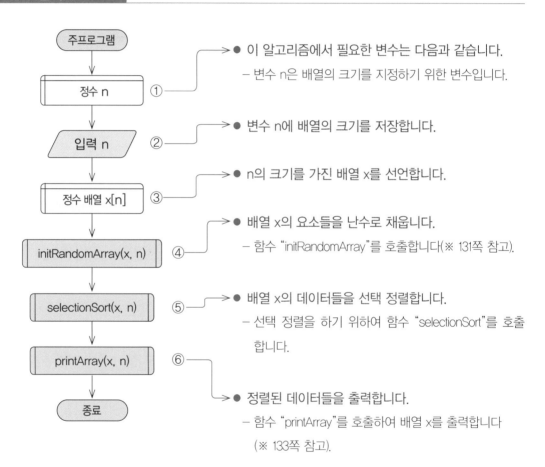

① ● 이 알고리즘에서 필요한 변수는 다음과 같습니다.
- 변수 n은 배열의 크기를 지정하기 위한 변수입니다.

② ● 변수 n에 배열의 크기를 저장합니다.

③ ● n의 크기를 가진 배열 x를 선언합니다.

④ ● 배열 x의 요소들을 난수로 채웁니다.
- 함수 "initRandomArray"를 호출합니다(※ 131쪽 참고).

⑤ ● 배열 x의 데이터들을 선택 정렬합니다.
- 선택 정렬을 하기 위하여 함수 "selectionSort"를 호출합니다.

⑥ ● 정렬된 데이터들을 출력합니다.
- 함수 "printArray"를 호출하여 배열 x를 출력합니다(※ 133쪽 참고).

삽입 정렬

|개요|

「Chap 5. 컴퓨팅 사고로 문제 해결하기」의 문제 중 〈삽입 정렬(※ 124쪽 참고)〉의 함수 "insertionSort"를 호출하는 주프로그램입니다.

순서도

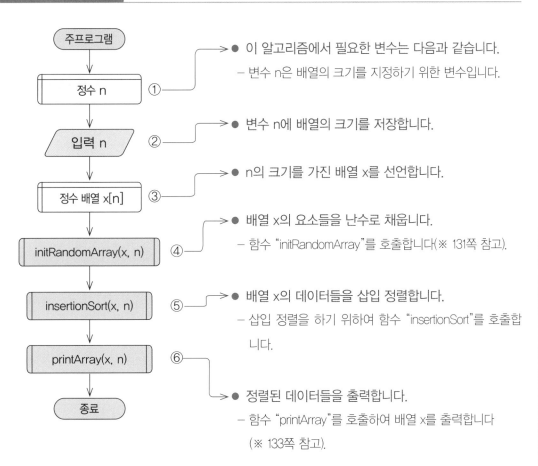

주프로그램

정수 n ①

입력 n ②

정수 배열 x[n] ③

initRandomArray(x, n) ④

insertionSort(x, n) ⑤

printArray(x, n) ⑥

종료

- 이 알고리즘에서 필요한 변수는 다음과 같습니다.
  – 변수 n은 배열의 크기를 지정하기 위한 변수입니다.

- 변수 n에 배열의 크기를 저장합니다.

- n의 크기를 가진 배열 x를 선언합니다.

- 배열 x의 요소들을 난수로 채웁니다.
  – 함수 "initRandomArray"를 호출합니다(※ 131쪽 참고).

- 배열 x의 데이터들을 삽입 정렬합니다.
  – 삽입 정렬을 하기 위하여 함수 "insertionSort"를 호출합니다.

- 정렬된 데이터들을 출력합니다.
  – 함수 "printArray"를 호출하여 배열 x를 출력합니다(※ 133쪽 참고).

버블 정렬

|개요|

「Chap 5. 컴퓨팅 사고로 문제 해결하기」의 문제 중 〈버블 정렬(※ 127쪽 참고)〉의 함수 "bubbleSort"를 호출하는 주프로그램입니다.

순서도

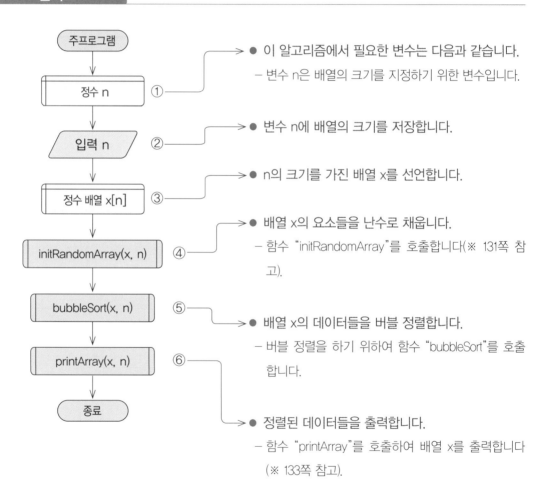

● 이 알고리즘에서 필요한 변수는 다음과 같습니다.
  – 변수 n은 배열의 크기를 지정하기 위한 변수입니다.

● 변수 n에 배열의 크기를 저장합니다.

● n의 크기를 가진 배열 x를 선언합니다.

● 배열 x의 요소들을 난수로 채웁니다.
  – 함수 "initRandomArray"를 호출합니다(※ 131쪽 참고).

● 배열 x의 데이터들을 버블 정렬합니다.
  – 버블 정렬을 하기 위하여 함수 "bubbleSort"를 호출합니다.

● 정렬된 데이터들을 출력합니다.
  – 함수 "printArray"를 호출하여 배열 x를 출력합니다(※ 133쪽 참고).

순서도 프로그램 (Flowgorithm) 사용법

Flowgorithm 소개 및 프로그램 다운로드

Flowgorithm은 순서도를 직접 실행하고 다양한 프로그래밍 언어로 변환이 가능하도록 만들어진 프로그램으로 주요 특징을 살펴보면 다음과 같습니다.

- 순서도를 쉽게 그릴 수 있습니다.

- 순서도를 직접 실행할 수 있습니다.

- 다양한 나라의 언어로 번역되어 있습니다.

- 다양한 고급 프로그래밍 언어로 변환할 수 있습니다.

- 순서도를 그림으로 다운로드 받을 수 있습니다.

- 다양한 순서도 양식을 지원합니다.

- 프로그램을 다운로드 받아 PC에 설치해서 사용하는 프로그램입니다.

Flowgorithm은 홈페이지(http://www.flowgorithm.org/)에서 다운로드 받을 수 있는데 [Download(다운로드)] 탭을 클릭한 후에 다운로드 버튼을 누르면 됩니다. 현재는 윈도우용 프로그램만 지원하며 프로그램을 다운로드 받은 후, PC에 설치하면 됩니다. Flowgorithm의 홈페이지는 [그림 6-1]과 같습니다.

홈페이지의 내용을 한글로 번역해서

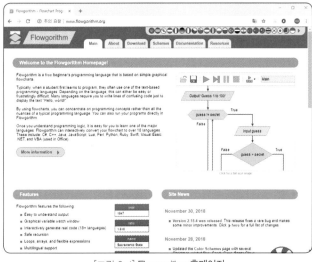

[그림 6-1] Flowgorithm 홈페이지

보려면 홈페이지의 오른쪽 위에 있는 태극기 아이콘을 클릭하면 되지만 컴퓨터가 번역한 것이라 자연스럽지 못한 경우가 있습니다. 그러나 실행 프로그램의 메뉴나 메시지 등은 사람이 직접 번역한 것입니다.

파일 관리 및 프로그램 실행

프로그램을 설치한 후, 시작 메뉴나 바탕 화면에서 Flowgorithm을 실행할 수 있습니다. Flowgorithm을 실행한 화면은 [그림 6-2]와 같습니다.

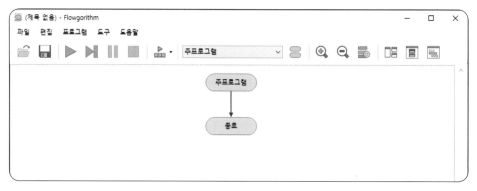

[그림 6-2] Flowgorithm 실행 화면

[그림 6-2]와 같은 화면에서 파일 메뉴를 선택하면 [그림 6-3]과 같은 부메뉴가 나타납니다.

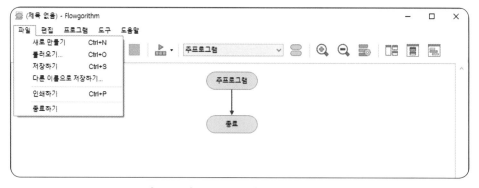

[그림 6-3] Flowgorithm 실행 화면 – 부메뉴

[새로 만들기]는 예전의 프로그램들을 모두 삭제하고 새로운 순서도를 작성할 때 필요한 메뉴입니다. [불러오기]는 기존의 순서도를 불러올 때 실행합니다. [저장하기]를 클릭하면 현재의 이름으로 순서도를 저장합니다. 새로 만들기를 한 후에 처음 저장하는 경우에는 [다른 이름으로 저장하기]와 같이 파일 이름을 지정합니다. [다른 이름으로 저장하기]는 현재의 파일 이름과 다른 이름으로 저장할 때 사용합니다. 이때, Flowgorithm에서 사용하는 프로그램의 확장자는 ".fprg"입니다. 마지막으로 [인쇄하기]는 순서도를 인쇄할 때 사용하며 [종료하기]는 Flowgorithm 프로그램을 끝낼 때 사용합니다.

순차 구조의 작성

[그림 6-2]와 같은 Flowgorithm 프로그램 실행화면에서 화살표를 클릭하면 [그림 6-4]와 같이 삽입할 수 있는 순서도 기호가 나타납니다.

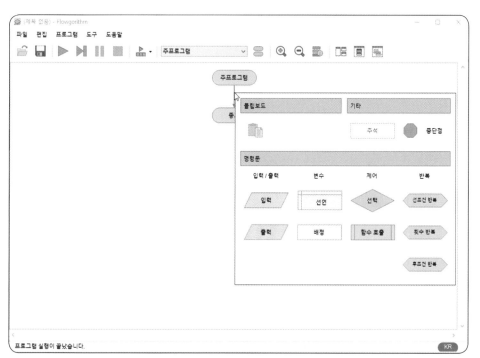

[그림 6-4] 순서도 기호 대화상자

[그림 6-4]와 같은 대화상자에서 순차 구조에 해당하는 명령으로는 '입력/출력', '변수', '함수 호출' 등이 사용할 수 있습니다. 예를 들어, 변수 x에 10을 저장하는 명령을 순차 구조 알고리즘으로 작성하면 [그림 6-5]와 같습니다. (※ 변수 선언과 치환 명령에 대한 설명은 뒤에서 언급할 것입니다.)

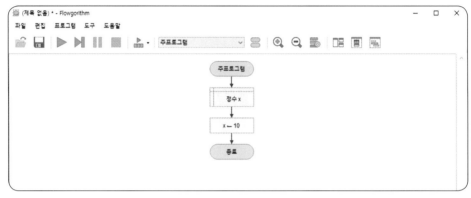

[그림 6-5] 순차 구조의 삽입

변수 및 배열 선언

Flowgorithm 프로그램으로 알고리즘을 작성할 때, 명령 수행에 사용할 변수와 배열을 선언해야 합니다. 변수를 선언하기 위하여 [그림 6-4]와 같은 대화상자에서 '선언'을 선택하면 [그림 6-6]과 같이 순서도에 선언 기호가 삽입됩니다.

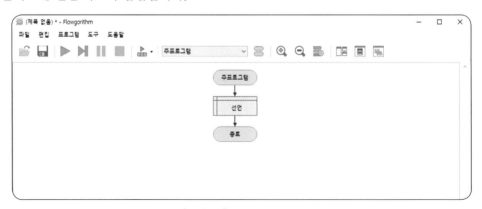

[그림 6-6] 선언 기호의 삽입

[그림 6-6]에서 선언 기호를 더블클릭하면 [그림 6-7]과 같이 변수 혹은 배열을 선언할 수 있는 대화상자가 나타납니다.

[그림 6-7] 선언 속성 대화상자

'변수명' 아래에 있는 텍스트 박스에 변수명 혹은 배열명을 입력하고, '유형' 아래에 있는 메뉴에서 사용하고자 하는 데이터 타입을 선택하면 됩니다. Flowgorithm에서 사용하는 데이터 타입은 정수, 실수, 문자열, 논리값 등이 있는데 이는 대부분의 프로그래밍 언어에서 사용하는 데이터 타입들입니다. 만약 배열을 사용하려면 유형을 선택하는 메뉴 옆에 있는 '배열?'의 체크 박스를 클릭하면 됩니다.

순서도에서 기호를 삭제하고자 하면 기호를 선택한 후에 Delete 키를 누르면 됩니다.

치환 명령

치환 명령은 변수 혹은 배열 요소에 수식의 결과를 저장하는 명령을 말합니다. [그림 6-4]와 같은
대화상자에서 배정 기호를 선택하면 [그림 6-8]과 같이 기호가 삽입됩니다.

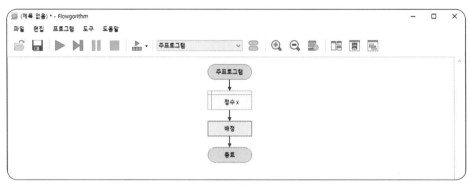

[그림 6-8] 치환 기호의 삽입

[그림 6-8]에서 치환 기호를 더블클릭하면 [그림 6-9]와 같은 대화상자가 나타나며 만약 변수 x에
x+15를 저장하는 명령을 하려면 [그림 6-9]와 같이 입력하면 됩니다.

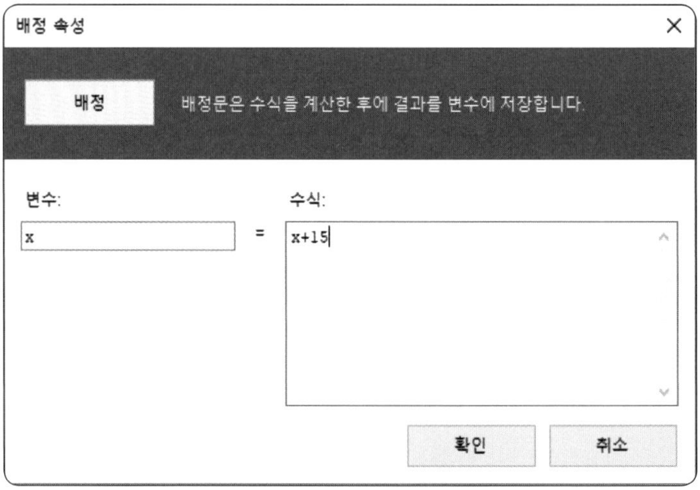

[그림 6-9] 선언 속성 대화상자

[그림 6-9]와 같은 대화상자에서 [확인] 버튼을 누르면 [그림 6-10]과 같은 순서도가 작성됩니다.

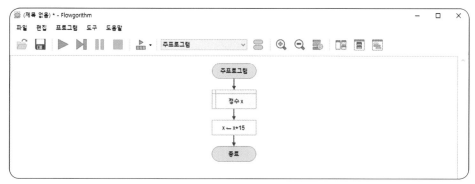

[그림 6-10] 치환 명령의 작성

입출력 명령

Flowgorithm 프로그램에서는 입력과 출력 명령을 작성할 수 있는데 변수 x가 선언된 상태에서 입력 기호를 삽입한 순서도는 [그림 6-11]과 같습니다.

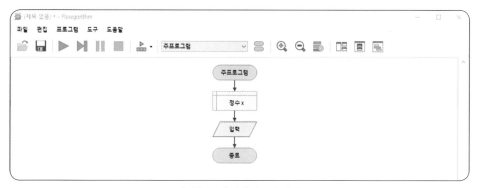

[그림 6-11] 입력 기호의 삽입

[그림 6-11]에서 입력 기호를 더블클릭하면 [그림 6-12]와 같은 대화상자가 나타나며 데이터를 입력 받아 저장하고자 하는 변수를 지정하면 됩니다. 예를 들어, 입력 받은 데이터를 변수 x에 저장하고자 하면 [그림 6-12]와 같이 입력하면 됩니다.

[그림 6-12] 입력 속성 대화상자

[그림 6-12]와 같은 대화상자에서 [확인] 버튼을 누르면 [그림 6-13]과 같은 순서도가 작성됩니다.

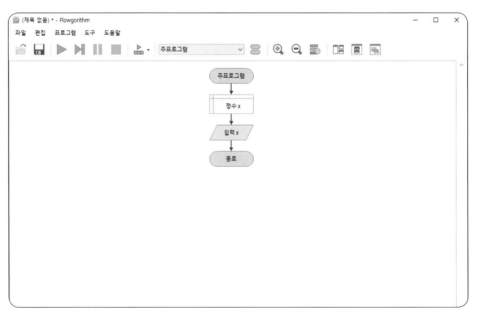

[그림 6-13] 입력 명령의 작성

변수 x에 데이터를 입력 받고, 여기에 15를 더하는 알고리즘을 표현한 순서도는 [그림 6-14]와 같습니다.

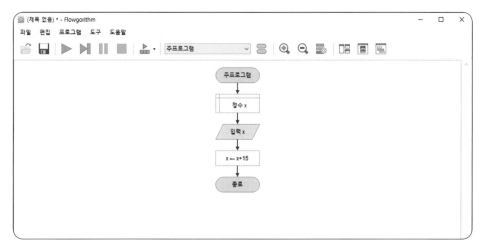

[그림 6-14] 입력 명령이 포함된 순서도

[그림 6-14]와 같은 순서도에서 변수 x의 값을 출력하는 알고리즘을 작성하기 위하여 출력 기호를 삽입하면 [그림 6-15]와 같습니다.

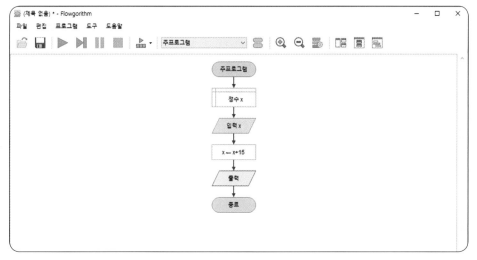

[그림 6-15] 입출력 명령이 포함된 순서도

변수 x의 값을 출력하려면 출력 기호를 더블클릭해서 나타나는 대화상자에 [그림 6-16]과 같이 입력하면 됩니다.

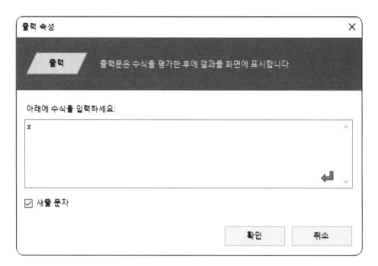

[그림 6-16] 출력 속성 대화상자

그런데 결과를 메시지와 함께 출력하기 위해서는 문자열을 결합하는 명령을 함께 사용해야 합니다. 예를 들어, 변수 x의 값이 28인 경우에 "결과는 28"이라고 출력하려면 [그림 6-17]과 같이 작성해야 합니다. 이때, "&"는 문자열을 결합하는 연산자입니다.

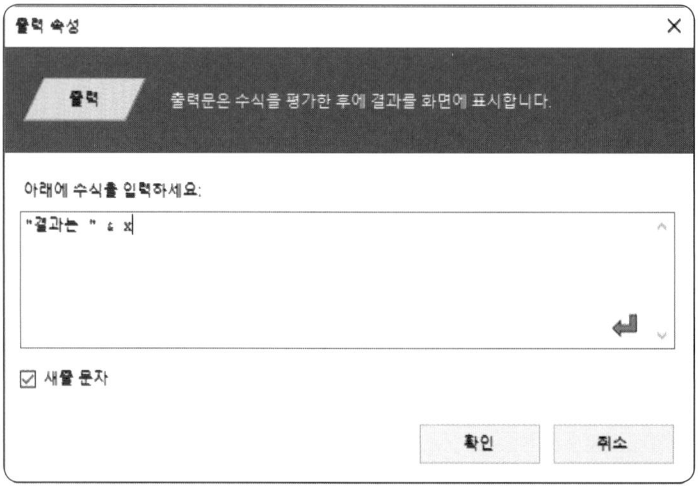

[그림 6-17] 출력 메시지 작성

선택 구조의 작성

Flowgorithm 프로그램은 선택 구조를 지원합니다. 예를 들어 변수 x의 값을 입력 받는 [그림 6-13]의 순서도에 변수 x의 값이 0보다 큰지를 판단하는 알고리즘을 표현하는 순서도를 작성하기 위해서는 다음과 같이 수행합니다.

먼저, [그림 6-13]의 순서도에서 삽입할 위치에 있는 화살표를 클릭한 후에 선택 기호를 선택하면 [그림 6-18]과 같이 순서도가 작성됩니다.

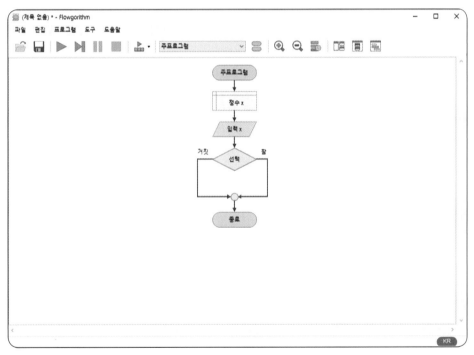

[그림 6-18] 선택 구조의 삽입

[그림 6-18]에서 선택 기호를 더블클릭하면 조건을 입력할 수 있는 대화상자가 나타나며 변수 x의 값이 0보다 큰지 판단하는 조건은 [그림 6-19]와 같이 작성하면 됩니다.

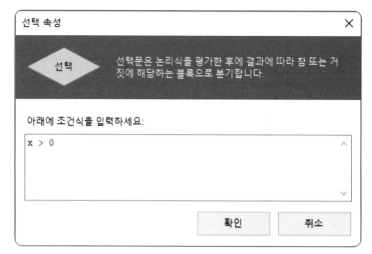

[그림 6-19] 선택 속성 대화상자

[그림 6-19]와 같이 작성하고 [확인] 버튼을 누르면 [그림 6-20]과 같은 순서도가 작성됩니다.

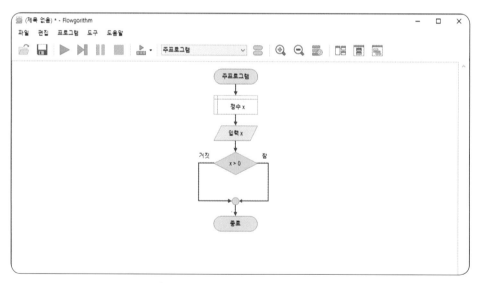

[그림 6-20] 선택 구조가 포함된 순서도

[그림 6-20]과 같은 순서도에서 참인지 거짓인지에 따라 수행되는 명령들은 그 부분의 화살표를 클릭해서 삽입하면 됩니다.

반복 구조의 작성

Flowgorithm 프로그램은 반복 구조도 지원하는데 반복 구조의 경우에는 횟수, 선조건, 후조건 반복 구조를 모두 지원합니다. 횟수 반복은 반복 횟수를 지정하는 경우를 말하고 선조건 반복은 명령들을 반복하기 전에 조건을 검사하는 것을 말하며, 후조건 반복은 명령들을 반복한 후에 조건을 검사하는 것을 말합니다. 선조건 반복의 경우에는 조건을 처음부터 만족시키지 못하면 한 번도 반복하지 않는 경우가 발생할 수 있지만, 후조건 반복의 경우에는 적어도 한 번은 반복하게 됩니다.

횟수 반복를 작성해 봅시다. [그림 6-6]처럼 변수 x를 선언한 후, 10번을 반복하기 위하여 다음과 같이 횟수 반복 기호를 삽입하면 [그림 6-21]과 같이 횟수 반복을 위한 순서도가 나타납니다.

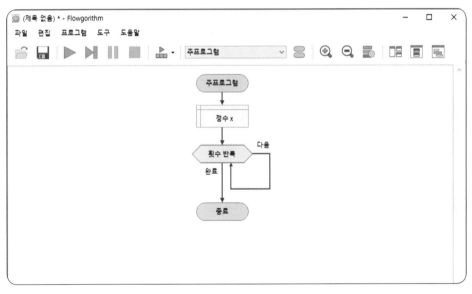

[그림 6-21] 횟수 반복 구조의 삽입

[그림 6-21]에서 횟수 반복 기호를 더블클릭하여 나타나는 대화상자에서 [그림 6-22]와 같이 작성하면 됩니다.

[그림 6-22] 횟수 반복 속성 대화상자

[그림 6-22]와 같이 대화상자에 횟수 반복의 속성을 작성한 후에 [확인] 버튼을 누르면 [그림 6-23]과 같은 순서도가 작성됩니다.

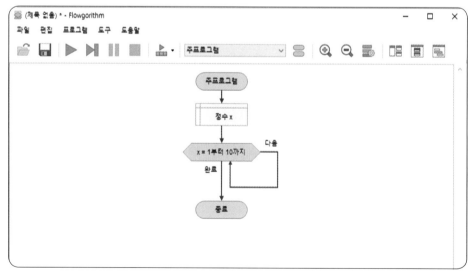

[그림 6-23] 선택 구조가 포함된 순서도

함수의 작성

Flowgorithm 프로그램에서 함수는 주 메뉴에서 [프로그램]−[함수 추가...]를 선택하여 추가할 수 있습니다. [함수 추가] 메뉴를 선택하면 [그림 6-24]와 같은 대화상자가 나타납니다.

[그림 6-24] 함수 속성 대화상자

'함수명' 아래 텍스트 박스에 함수 이름을 입력하고 그 다음 '매개변수'를 추가합니다. 매개변수는 [추가] 버튼을 누르면 입력할 수 있으며, 입력된 매개변수들은 [편집] 버튼을 눌러 수정하거나 화살 표를 클릭하여 순서를 바꿀 수 있습니다. 만약 함수의 반환값이 존재한다면 '반환값 유형'과 '반환 변수'를 지정할 수 있습니다.

컴퓨팅 사고력을 위한 알고리즘&순서도 연습

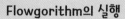
Flowgorithm의 실행

Flowgorithm 프로그램에서 작성한 순서도를 실행하려면 주 메뉴에서 [프로그램]–[실행하기]를 선택하면 됩니다. [실행하기] 메뉴를 선택하면 [그림 6-25]와 같은 '콘솔' 대화상자가 나타나며 순서도가 실행됩니다.

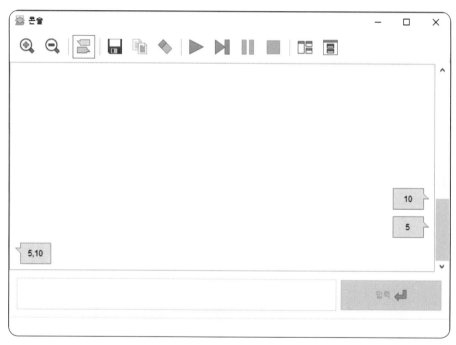

[그림 6-25] 콘솔 대화상자

Flowgorithm에서의 입출력은 [그림 6-25]에서 알 수 있듯이 스마트폰에서 사용되는 대화 표시 방법을 활용함으로써 학생들이 친숙하게 느낄 수 있도록 하고 있습니다. 입력된 값은 오른쪽의 글상자로 나타나며 출력된 값은 왼쪽의 글상자로 나타납니다.

고급 프로그래밍 언어로의 변환

Flowgorithm 프로그램은 작성한 순서도를 다양한 고급 프로그래밍 언어로 변환할 수 있습니다. [그림 6-26]과 같은 순서도가 작성되었다고 가정해 봅시다.

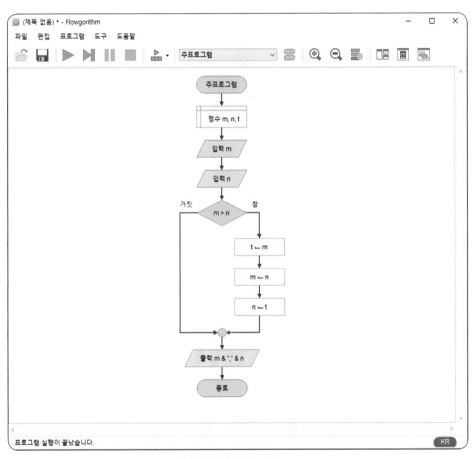

[그림 6-26] 순서도 예

[그림 6-26]과 같이 작성된 순서도를 고급 프로그래밍 언어로 변환하려 한다면 [그림 6-27]과 같이 [도구] 메뉴에서 [소스 코드 뷰어 …]를 선택합니다.

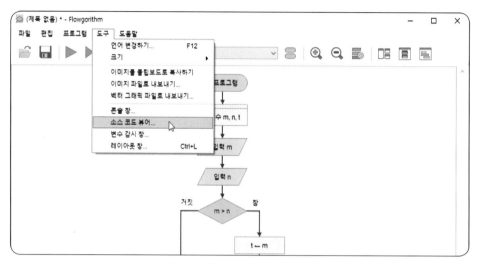

[그림 6-27] 소스 코드 뷰어의 선택

그러면 [그림 6-28]과 같이 소스 코드 뷰어가 나타납니다.

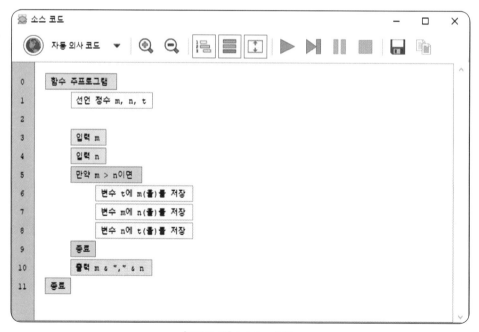

[그림 6-28] 소스 코드 뷰어

[그림 6-28]은 의사 코드 (pseudo code)로 나타낸 화면입니다. 메뉴에서 "자동 의사 코드"라는 부분의 왼쪽에 있는 지구본 모양의 아이콘을 클릭하면 [그림 6-29]와 같이 변환할 수 있는 고급 프로그래밍 언어의 종류를 보여줍니다.

[그림 6-29] 프로그래밍 언어 선택 대화상자

나타난 프로그래밍 언어 중에서 원하는 언어를 선택하면 됩니다. [그림 6-29]에서 보이는 바와 같이 다양한 프로그래밍 언어를 지원하고 있기 때문에 여러 프로그래밍 언어를 학습할 때 유용하게 사용할 수 있습니다.

순서도의 출력

Flowgorithm 프로그램에서는 작성한 순서도를 출력할 수 있습니다. [파일] − [인쇄하기]를 선택하면 [그림 6-30]과 같은 대화상자가 나타납니다.

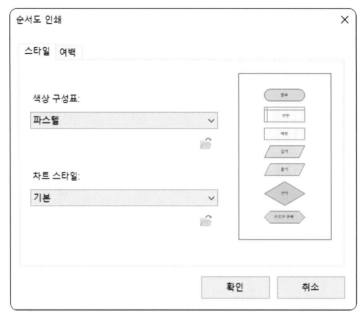

[그림 6-30] 순서도 인쇄 속성 대화상자

특히, 기본 색상과 다른 색상으로 구성하거나 다양한 차트 스타일을 사용할 수 있습니다. 차트 스타일은 Gaddis, IBM, SDL, 고전, 고전(GOST), 고전(사다리꼴), 기본, 기본(설명), 블록 등 다양한 종류를 지원하고 있습니다.

Flowgorithm은 또한 순서도를 클립보드로 복사하거나 그림 파일로 저장할 수 있게 해줍니다. [도구] 메뉴에서 해당하는 사항을 선택하면 되고, 그림 파일은 PNG 양식의 이미지 파일과 SVG 양식의 벡터 그래픽 파일로 저장할 수 있습니다.